Barbara Falkinger, Hermann Kuschej,
Grete Miklin, Michael Sertl

Zur Reform des Kindergartens – elementarpädagogische Wende oder humankapitalistische Inwertsetzung?

Schulheft 169/2018

StudienVerlag

IMPRESSUM
schulheft, 43. Jahrgang 2018
© 2018 by StudienVerlag Innsbruck
ISBN 978-3-7065-5692-7
Layout: Sachartschenko & Spreitzer OG, Wien
Umschlaggestaltung: Josef Seiter
HerausgeberInnen: Verein der Förderer der Schulhefte, Rosensteingasse 69/6, A-1170 Wien
Grete Anzengruber, Florian Bergmaier, Eveline Christof, Ingolf Erler, Barbara Falkinger, Peter Malina, Elke Renner, Erich Ribolits, Michael Rittberger, Josef Seiter, Michael Sertl, Karl-Heinz Walter

Redaktionsadresse: schulheft, Rosensteingasse 69/6, A-1170 Wien;
E-Mail: kontakt@schulheft.at
Internet: www.schulheft.at
Redaktion dieser Ausgabe: Barbara Falkinger, Hermann Kuschej, Grete Miklin, Michael Sertl
Verlag: Studienverlag, Erlerstraße 10, A-6020 Innsbruck; Tel.: 0043/512/395045, Fax: 0043/512/395045-15; E-Mail: order@studienverlag.at;
Internet: www.studienverlag.at

Bezugsbedingungen: schulheft erscheint viermal jährlich.
Jahresabonnement: € 38,00
Einzelheft: € 17,00
(Preise inkl. MwSt., zuzügl. Versand)
Die Bezugspreise unterliegen der Preisbindung. Abonnement-Abbestellungen müssen spätestens 3 Monate vor Ende des Kalenderjahres schriftlich erfolgen.

Aboservice:
Tel.: +43 (0)512 395045, Fax: +43 (0)512 395045-15
E-Mail: aboservice@studienverlag.at

Geschäftliche Zuschriften – Abonnement-Bestellungen, Anzeigenaufträge usw. – senden Sie bitte an den Verlag. Redaktionelle Zuschriften – Artikel, Presseaussendungen, Bücherbesprechungen – senden Sie bitte an die Redaktionsadresse.

Die mit dem Verfassernamen gekennzeichneten Beiträge geben nicht in jedem Fall die Meinung der Redaktion oder der Herausgeber wieder. Die Verfasser sind verantwortlich für die Richtigkeit der in ihren Beiträgen mitgeteilten Tatbestände.
Für unverlangt eingesandte Manuskripte übernehmen Redaktion und Verlag keine Haftung. Die Zeitschrift und alle in ihr enthaltenen einzelnen Beiträge sind urheberrechtlich geschützt. Jede Verwertung außerhalb der engen Grenzen des Urheberrechtsgesetzes ist ohne Zustimmung des Verlages unzulässig. Das gilt insbesondere für Vervielfältigung, Übersetzungen, Mikroverfilmungen und die Einspeicherung und Verarbeitung in elektronischen Systemen.

Offenlegung: laut § 25 Mediengesetz:
Unternehmensgegenstand ist die Herausgabe des schulheft. Der Verein der Förderer der Schulhefte ist zu 100 % Eigentümer des schulheft.

Vorstandsmitglieder des Vereins der Förderer der Schulhefte:
Florian Bergmaier, Eveline Christof, Barbara Falkinger, Elke Renner, Michael Rittberger, Michael Sertl.

Grundlegende Richtung: Kritische Auseinandersetzung mit bildungs- und gesellschaftspolitischen Themenstellungen.

INHALT

Vorwort 5

Heike Deckert-Peaceman
Was heißt Anschlussfähigkeit? 9
Veränderungen im Selbstverständnis von Kindergarten und Grundschule in Deutschland seit PISA

Heidemarie Lex-Nalis
Das österreichische Kindergartenwesen – Blick in die Geschichte und die aktuellen Diskussionen 19

Barbara Herzog-Punzenberger
Kindergartenbesuch in Österreich: Unterschiede in der Nutzung nach Herkunftsgruppen 32

„Islamische" Kindergärten – gibt es die? 41
Die Ergebnisse der Studie „Pluralität in Wiener Kindergärten"

Bernhard Koch
Der Kindergarten als Lernort für Demokratie 50
Von Selbstbestimmung und Gemeinwohlorientierung

Julia Seyss-Inquart
Verantwortung verschieben und Kontrolle etablieren – zur Veränderung des politischen Sprechens über frühpädagogische Institutionen 64

Erna Nairz-Wirth
Frühkindliche Betreuung, Bildung und Erziehung: Harlem Children's Zone und andere Good Practice-Modelle 75

Hermann Kuschej
Elementarpädagogik zwischen Lissabon, Barcelona und PISA 90

Daniela Holzer
Widerständige Entgegnungen 98
Weiterbildungswiderstand als Praxis der Verweigerung

AutorInnen 109

Vorwort

Vor zehn Jahren, im schulheft 125/2007 (*Lern schneller, Baby*) haben wir von „Verfrühpädagogisierung" gesprochen und damit die Ausdehnung des humankapitalistischen Bildungsdiskurses auf die bis dato verschonte frühe Kindheit gemeint. Ging es damals um die Frühförderung, so geht es in dieser Nummer um den institutionalisierten Kindergarten. Seine Entwicklung in den vergangenen zehn Jahren lässt sich an folgenden Stationen festmachen: 2009 erschien der „Bundesländerübergreifende Bildungsrahmenplan für elementare Bildungseinrichtungen in Österreich". 2010 wurde das (erste) verpflichtende Kindergartenjahr eingeführt, an einem zweiten Pflichtjahr wird legistisch gearbeitet. Mit der neuen Regierung seit 2017 ist die Kompetenz auf Bundesebene vom Familienministerium zum Bildungsministerium gewandert. (Also dorthin zurück, wo sie schon im Reichsvolksschulgesetz von 1869 verankert war, wie uns der Artikel von Heidemarie Lex-Nalis belehrt.) Viele sehen in diesen Maßnahmen die Vorverlegung der Schulpflicht. International ist das längst üblich. So heißt die vergleichbare Institution in Frankreich immer schon „école maternelle", also mütterliche Schule.

Allerdings hat sich diese für Österreich relativ neue Bekenntnis zur „Elementarpädagogik" bis dato weder in der Ausbildung der PädagogInnen niedergeschlagen – Forderungen nach hochschulmäßiger Ausbildung sind bis jetzt nicht erfüllt worden –, noch hat es zu einer Entflechtung des Kompetenzwirrwarrs zwischen Bund, Ländern und Gemeinden geführt. Nach wie vor fehlt es an einem Bundesrahmengesetz, in dem die grundlegenden Rahmenbedingungen in der Elementarpädagogik wie Betreuungsschlüssel, Gruppengröße, Ausbildung der PädagogInnen und deren Bezahlung genau geregelt sind. In der Praxis bedeutet dies, dass es nach wie vor neun verschiedene Ländergesetze gibt. Welche Konsequenzen daraus resultieren können, zeigt sich etwa am Beispiel des Bildungskompasses. Dieser wurde im Jahr 2015 im Rahmen der Bildungsreformkommission beschlossen. Der Bildungskompass sollte jedes Kind ab dem 3. Lebensjahr bis zum Ende der Schulpflicht begleiten, um dessen Potenziale und Kompetenzen zu dokumentieren. Der Kindergarten als erste institutionelle Bildungseinrichtung soll dabei das Fundament für die Bildungsbiografie jedes Kindes legen. Aufgrund fehlender personeller Ressourcen und unklarer Zuständigkeiten auf der Ebene vorschulischer Betreuung ist vom Bildungskompass wenig übrig geblieben – außer durch zusätzliche Dokumentationspflichten überforderte PädagogInnen und verunsicherte Eltern, die unter Druck stehen, ihr Kind ständig zu fördern.

Zu den einzelnen Artikeln: An den Beginn unserer Auseinandersetzung mit den aktuellen Tendenzen haben wir eine Analyse der Diskussion um die Anschlussfähigkeit von Kindergarten und Grundschule von *Heike Deckert-Peaceman* gestellt. Ihre These ist, dass es weniger um eine – pädagogisch begründete – Reform des Kindergartens geht, auch nicht um die Anschlussfähigkeit zur Grundschule. Der eigentliche Motor dieser Entwicklungen ist die Ökonomisierung, die humankapitalistische „Inwertsetzung" von Bildung, wie sie in den Reformen seit PISA sichtbar wird. Und diese betrifft und verändert beide Institutionen.

Wir sind sehr glücklich, mit dem Artikel von *Heidemarie Lex-Nalis* über das österreichische Kindergartenwesen einen, vermutlich den ersten (?) systematischen Überblick über die Geschichte des Kindergartens in Österreich geben zu können, der darüber hinaus noch eine kompakte Kurzdarstellung der aktuellen Entwicklungen liefert. Wahrscheinlich werden Sie, liebe LeserInnen, ähnlich überrascht sein wie wir, wenn Sie erfahren, dass das, sagen wir, sozialpädagogisch-familienunterstützende Image, das dem österreichischen Kindergarten bis heute anhaftet, eigentlich erst nach dem Zweiten Weltkrieg geschaffen wurde.

Im Anschluss an den Artikel von Lex-Nalis referieren wir die Ergebnisse von zwei wichtigen aktuellen Forschungsprojekten aus Österreich: *Barbara Herzog-Punzenberger* stellt die wichtigsten Ergebnisse zum Kindergartenbesuch aus der Studie „Migration und Mehrsprachigkeit" (MIME) vor. (Wir möchten unsere LeserInnen ausdrücklich auf diese verdienstvolle und hochinformative Studie hinweisen (vgl. http://paedpsych.jku.at/index.php/mime/), zu der auch insgesamt sieben „Policy Briefs" erschienen sind, die verschiedenen Themen gewidmet sind, u.a. der Vielfalt der Familiensprachen (PB 2), der Vielfalt der sozialen Milieus (PB 3) und dem Thema Kindergartenbesuch und Elementarpädagogik (PB 4), dem unser Artikel entnommen ist.)

Die zweite Studie zum Thema „Pluralität in Wiener Kindergärten und Kindergruppen unter besonderer Berücksichtigung von sogenannten islamischen Einrichtungen" greift die Problematik auf, die die politische Diskussion, besonders in Wien, seit Jahren dominiert und die hier endlich einer seriösen Bearbeitung zugeführt wurde. Es geht um die mit populistischen Untertönen formulierte Kritik an Kindergärten mit Schwerpunkten, die nicht der österreichischen Mehrheitsgesellschaft entsprechen. Unter dem Vorwand von Säkularität und Deutsch als Voraussetzung für Integration und Vermittlung von „europäischen" Werten wird einerseits mit rassistischen Verallgemeinerungen Politik gemacht, andererseits werden die sogenannten „europäischen" Werte nicht definiert. Wir drucken die Kurzzusammenfassung unter dem Titel *„Islamische Kindergärten – gibt es die?"* ab.

Bernhard Koch untersucht den „Kindergarten als Lernort für Demokratie" und fordert, dass die elementarpädagogische politische Bildung bzw. dieses Lernen für Demokratie sowohl auf Selbstbestimmung als auch auf „Gemeinwohlorientierung" zielen muss. Vorherrschende Erziehungskonzepte der „Selbstoptimierung" oder „Individualisierung" könnten in Bezug auf die demokratische und gesellschaftliche Entwicklung als im Widerstreit zu einer Erziehung zur „Gemeinwohlorientierung" (im Kindergarten, in der Familie, in der Gemeinde, im Staat) gesehen werden.

Julia Seyss-Inquarts Diskursanalyse konstatiert eine Veränderung im politischen Sprechen über frühpädagogische Institutionen bzw. in der Zuordnung der Verantwortlichkeit. Auf die Frage, wer verantwortlich ist, wurde bis dato immer eine „institutionelle" Antwort gegeben: entweder die Familie oder die Institution (Kindergarten). Hier vollzieht sich ab Mitte der 1990er Jahre ein Wandel. Im Zuge der (neoliberalen) Bildungsexpansion kommen neue Subjektpositionen auf und verschieben die Verantwortlichkeit hin zu den Kindern, Eltern und PädagogInnen.

Erna Nairz-Wirth berichtet von Programmen, die bei der frühkindlichen Förderung, bei der Einbindung der Eltern und der umliegenden Gemeinde und ihrer Mitglieder ansetzen. Das in diesem Beitrag ausführlich vorgestellte Armutsbekämpfungs- und Bildungsprojekt Harlem Children's Zone startet bereits bei den werdenden Müttern, fokussiert auf Elternbildung und Einbindung der

„Community". Was an diesen Projekten kritisch angemerkt werden muss, ist, dass die zweifellos wertvollen Ansätze immer einem Kalkül der Verwertbarkeit, der möglichst hohen Rendite im Sinne des volkswirtschaftlichen Nutzens unterworfen werden. Die Hauptargumente sind immer ökonomische, die als wissenschaftlich nicht hinterfragbare Prämissen übernommen werden. Wir vermissen in dieser Herangehensweise die gesellschaftskritische Analyse, wir sehen ein Wegschauen, was die gesellschaftspolitischen Hintergründe bzw. die Klassen- und Machtverhältnisse betrifft, geradezu eine Verweigerung von Kritik, die uns in mehreren aktuellen Studien aufgefallen ist.

Hermann Kuschej geht diesem Argumentationsstrang im letzten Artikel des Thementeils genauer nach. Er weist überzeugend nach, dass die aktuelle „Hausse" der Elementarpädagogik genau diesem volkswirtschaftlichen Kalkül entspringt. Möglichst frühe Investitionen in Bildung, also Investitionen in Elementarpädagogik, sind die renditeträchtigsten Investitionen; so lässt sich sein Resümee vereinfacht zusammenfassen.

Als Nachtrag zur Nummer „Widerstand" 168/2017 erscheint der Artikel von *Daniela Holzer* in diesem schulheft. Der Beitrag geht auf Widerstandsformen und -forschungen ein, die sich gegen Bildung und insbesondere gegen Weiterbildung richten. Gegen Zumutungen am Arbeitsplatz oder überbordende Leistungsanforderungen wird ebenso Widerstand geleistet, wie gegen die zunehmende Vereinnahmung von Eigenzeit. Es geht um Widerständigkeit gegen sämtliche Zwänge im Dienste der Herrschaft und Anpassung an die kapitalistische Verwertungslogik.

In den Beiträgen werden unterschiedliche Gender-Schreibweisen verwendet. Die Redaktion hat dies den AutorInnen freigestellt.

> Heidemarie Nex-Nalis ist am 24. Februar 2018, noch während der Redaktionsarbeit, verstorben. Die österreichische Elementarpädagogik trauert um eine große Persönlichkeit. Sie galt als „Advokatin" des Kindergartens als Bildungsinstitution, in dem die Grundlage für eine gemeinsame Bildung für alle gelegt wird.

Heike Deckert-Peaceman

Was heißt Anschlussfähigkeit?

Veränderungen im Selbstverständnis von Kindergarten und Grundschule in Deutschland seit PISA

Seit der Einführung der Weimarer Grundschule 1919/1920 wird das Verhältnis von Kindergarten und Grundschule in Deutschland kontrovers diskutiert. Zentrales Thema ist die Anschlussfähigkeit von zwei Bereichen, die sich strukturell unterscheiden. Diehm schreibt: „Kindergarten und ... Grundschule ... haben sich im Zuge funktionaler Differenzierung als Einrichtungen im Bereich von Erziehung, Bildung und Betreuung weitgehend unabhängig voneinander entwickelt" (Diehm 2004, S.529) und dazu entsprechend unterschiedliche Organisationslogiken hervorgebracht (vgl. ebd., S.530). Erst die Expansion des Kindergartens und die Diskussion um seine Integration in das Bildungssystem seit den 1970er Jahren (vgl. Hessisches Institut für Bildungsplanung und Schulentwicklung 1982) haben den Übergang (der dann mehrheitlich nicht mehr von der Familie in die Schule war) zu Problem und Herausforderung werden lassen. Drieschner und Gaus nehmen an, dass sich beide Organisationen in jeweils unterschiedlichen Phasen und Geschwindigkeiten eines Modernisierungsprozesses befinden (vgl. Drieschner/Gaus 2012., S.541), die in der „gemeinsamen Gestaltung anschlussfähiger Bildungswege zu pädagogisch-didaktischen Problemen" führe (vgl. Drieschner/Gaus 2012, S.545).

Diskutiert wird, inwieweit sich die Organisationen angleichen sollen und unter welchem Primat. Dabei scheint die Schule mit ihrer Orientierung an formaler Bildung insgesamt wirkmächtiger als der Kindergarten. Heutzutage entwerfen sich Kindergarten und Grundschule „im Spannungsfeld zwischen historisch gewachsener Differenz und den Ansprüchen der Anschlussfähigkeit" (Aicher-Jakob 2015, S. 9). Dem gegenüber stehen neue Anforderungen durch globale Steuerungs- und Standardisierungstendenzen im Kontext internationaler Vergleichsstudien. Demnach sind inzwischen beide Organisationen für die Trias Erziehung, Bildung und Betreuung im

Kindesalter zuständig, wenngleich unter anderen Voraussetzungen. Denn man hat in Deutschland darauf verzichtet, Kindergarten und Grundschule tatsächlich und auf Augenhöhe miteinander zu verzahnen. Dieses politische Versäumnis versucht man durch Verpflichtung zur Kooperation und durch curriculare Annäherungen zu kompensieren.

Ich schlage eine andere Lesart der Entwicklung vor. Aus meiner Sicht reduziert sich der Diskurs auf die Aufwertung des Kindergartens als Bildungseinrichtung und damit verknüpft auf Anschlussfähigkeit als Vorbereitung auf die Schule. In diesem Sinne sollen Kindergarten und Grundschule durch curriculare Impulse besser miteinander verzahnt werden. Übersehen wird jedoch, dass beide Organisationen stärker an das ökonomische System gekoppelt werden. Damit verbunden ist ein Verlust an pädagogischer Autonomie mit Konsequenzen für das Selbstverständnis von Kindergarten und Grundschule (Deckert-Peaceman 2014[1]).

Kindergarten und Grundschule im Spannungsfeld von Integration und Differenz

Während im Diskurs die Anschlussfähigkeit als wenig vorhanden oder nicht gelungen beschrieben wird, haben Kindergarten und Grundschule in den letzten Jahrzehnten trotz struktureller Unterschiede eine stärkere Integration beider Bereiche auf der Mikroebene praktiziert. Paradoxerweise verliert diese Integration im Zuge neuer Steuerungs- und Standardisierungstendenzen an Bedeutung, oder sie wird sogar durch die neuen Anforderungen wieder zurückgedrängt. Die aktuellen Reformbestrebungen von außen hinsichtlich der Integration des Kindergartens in das Bildungswesen sind auf der einen Seite halbherzig und damit strukturell kaum wirksam, auf der anderen schaffen sie neue Differenzen und verschieben die Integration in andere Leistungsbereiche. Man hat es versäumt, Kindergarten und Grundschule gleichrangig zu etablieren (Status, Ausbildung, Bezahlung, Besuchspflicht, curriculare Verbindlichkeit) und auf diese Weise zu den führenden OECD-Länder aufzuschlie-

---

1 Der vorliegende Text basiert auf dieser Veröffentlichung, wurde aber wesentlich verändert.

ßen. Die Reformen reduzieren sich auf partielle Strategien, die einer Integration im Sinne anschlussfähiger Bildungsprozesse eher hinderlich sind. Es handelt sich hierbei konkret um die Hochschulausbildung für Erzieherinnen als Angebot ohne Konsequenz für Status und Bezahlung, um die Verabschiedung von Curricula unterschiedlicher Programmatik und Relevanz sowie um die verbindliche Kooperation mit der Grundschule.

Die gemeinsame Gestaltung anschlussfähiger Bildungswege war seit der Bildungsreform der 1960er und 1970er Jahre mehr oder minder immer Anliegen des pädagogischen Programms beider Organisationen. Sie wurde von außen wenig gesteuert und vollzog sich über Jahrzehnte hinweg in einem sehr großen Spektrum. Die Spannung von Differenz und Integration wurde in den Alltagspraktiken ausgehandelt, allerdings nicht immer zur Zufriedenheit aller Beteiligten. Statusunterschiede beider Organisationen und Berufsgruppen haben nicht selten eine Hierarchie der Perspektiven bedingt. Die Erwartung der Schule bezogen auf eine von ihr definierte Propädeutik schulischer Sozialisation schien ein stärkeres Gewicht zu haben als die eher auf die kindlichen Bedürfnisse konzentrierte Haltung der Erzieherinnen.

Jedoch haben sich Kindergarten und Grundschule seit den 1970er Jahren bei weiterbestehender oder sogar wieder gestärkter struktureller Differenz durch den zugunsten des Kindergartens ausgegangenen Streit um die Fünfjährigen (vgl. Drieschner/Gaus 2012, S.544) angenähert und lokal erfolgreiche Kooperationsbeziehungen entwickelt. Dazu hat nicht zuletzt eine veränderte Programmatik der Grundschule beigetragen, die Formen freieren und selbstbestimmteren Lernens (Offener Unterricht, Freie Arbeit, Wochenplan, Klassenrat) in veränderten Umgebungen etablierte. Die Gestaltung der Klassenräume sowie die Routinen (Morgenkreis, gleitender Schulanfang mit Freier Arbeit in verschiedenen Ateliers oder Ecken) unterscheiden sich zumindest in den ersten beiden Schuljahren kaum noch von den aktuellen Praktiken in Kindergärten. Hinzu kommt die Tendenz, die Beurteilung durch Ziffernnoten zu ersetzen sowie altersgemischtes Lernen zu favorisieren.

Allerdings kann nicht davon gesprochen werden, dass sich hierbei die Grundschulpädagogik an die Kindergartenpädagogik angepasst hätte. Denn auch die Kindergartenpädagogik war über viele

Jahrzehnte hinweg ein Programm, das auf Ordnung, Sauberkeit, Anpassung und Gehorsam zielte und weniger das freie und kreative Kind im Blick hatte. Veränderungen der Vorstellungen vom Kind und der pädagogischen Konzepte wurden für beide Organisationen und für die Familie u.a. durch die Aufbruchstimmung der 1960er und 1970er Jahre (Studentenbewegung, Kinderladenbewegung, anti-autoritäre Erziehung, Frauenbewegung sowie Ideen über Pädagogik, die Gesellschaft gerechter und freier zu gestalten) angestoßen. Hinzu kommt, dass der materielle Wohlstand seinerzeit erstmalig alle Mitglieder der Gesellschaft erreichte bzw. potenziell erreichbar war. Zeiher spricht davon, dass erst der damalige ökonomische und politische Wandel Subjektentfaltung und Selbstbestimmung zu pädagogischen Programmen gemacht hatte, die man im Zuge der Bildungsreform zu realisieren versuchte (vgl. Zeiher 2005, S.216). Jedoch gilt auch hier, dass keine generellen Aussagen über Kindergarten und Grundschule getroffen werden können. Sicherlich hat der „Zeitgeist" ähnliche Entwicklungen ausgelöst, aber die jeweilige Akzeptanz der neuen Ideen und ihre Umsetzung waren sowohl von den unterschiedlichen Organisationslogiken als auch von Personen und Standorten beeinflusst.

Dabei kann davon ausgegangen werden, dass das Spektrum an Kindheitsbildern, Erziehungsvorstellungen und pädagogischen Konzepten innerhalb beider Organisationen möglicherweise größer ist als die Unterschiede zwischen beiden. Der jeweiligen Organisationslogik müssen die Pluralität der Lebensstile und die Ungleichzeitigkeit im Modernisierungsprozess – je nach Region, Kultur, Stadt-Land, Ost-West – gegenübergestellt werden. Konkret können Kindergarten und Grundschule im ländlichen Raum mehr Gemeinsamkeiten aufweisen als derselbe Kindergarten im Vergleich mit einer Kita in Berlin-Kreuzberg.

Auch wenn die Schule seit jeher stärker gewissen Standardisierungen, vor allem durch einen hierarchisch strukturierten Staatsapparat, folgen musste, kann man trotzdem Gemeinsamkeiten feststellen. Die weitgehende Nichtbeachtung der Bildungsprozesse im Lebensalter von 0–10 Jahren insbesondere in der Blütezeit des Wohlfahrtsstaates und ein geringer Grad an Kontextsteuerung hatten in beiden Organisationen zu einem hohen Maß an relativer Autonomie geführt. Da Lehrpläne über Jahrzehnte hinweg wenig beachtet und

Lehrkräfte in vielen Bundesländern hinsichtlich ihrer Leistung nahezu kaum noch überprüft wurden, oblagen pädagogisch-didaktische Entscheidungen maßgeblich den Lehrkräften selbst.

Für den Kindergarten gilt die Nichtbeachtung und geringe Anerkennung der gesellschaftlichen Erziehungsarbeit mit Kindern verschärft. Aber auch hier ist paradoxerweise ein individueller pädagogischer Handlungsspielraum entstanden, der durch die Orientierung am Situationsansatz verstärkt wurde, dessen Verlust im Zuge curricularer Bestimmungen und Nachweispflichten (Dokumentation von Bildungsprozessen) heutzutage beklagt wird. Ähnliches gilt für die Zunahme an Standardisierung und Kontrolle über die Output-Orientierung im Primarbereich. Das heißt, in beiden Organisationen geht die vermeintliche gesellschaftliche Aufwertung des Berufes einher mit einer Einschränkung an pädagogischer Autonomie. Zwar wird den Organisationen selbst ein höheres Maß an Autonomie zugestanden, das jedoch mit zunehmenden Kontrollen und Standardisierungen verbunden ist und letztlich auf eine Qualitätsverbesserung durch Wettbewerb untereinander zielt.

Kinder als Humankapital

Mit der Beschneidung individueller pädagogischer Freiräume in beiden Organisationen einher geht eine zunehmende Standardisierung kindlichen Lernens. Dies wird insbesondere durch die jeweils unterschiedliche Form der Nachweispflicht einer Leistungssteigerung (Dokumentation von Bildungsprozessen und Vergleichsarbeiten) deutlich. Im Vordergrund steht nicht mehr der Schonraum für die Entwicklungskindheit, sondern Kinder und ihre Leistungen im Sinne standardisierter Erwartungen geraten in den Blick. Nach dieser Logik müssen ihre Leistungen schon sehr früh beobachtet, dokumentiert und verglichen werden. Nichts darf forthin dem Zufall überlassen bleiben.

Global zeigt sich seit einigen Jahrzehnten, dass Kinder nicht mehr nur als ein Teil von Familie gesehen werden und damit als eher unbedeutende gesellschaftliche Gruppe, die in einer wenig beachteten Nische aufwächst, sondern dass sie inzwischen eine maßgebliche Rolle für die Weiterentwicklung des ökonomischen Fortschritts einnehmen. Schon Kinder erscheinen als volkswirtschaftlich relevantes Humankapital, übergenerational verantwortlich für die Sicherung der Sozialsysteme, insbesondere der Renten. Auch die Expansion des Bildungsmoratoriums folgte letztlich ökonomischen Prinzipien und hatte nicht allein das Wohl der Kinder im Blick (vgl. Zeiher 2005, S.214). Jedoch kann man für die Phase des Keynesianischen Wohlfahrtstaates des 20. Jahrhunderts, etwa vom New Deal bis zur Deregulierung der Märkte in den 1980er Jahren (vgl. Hassel/ Lütz 2010), von einer Entlastung der Kindheit im Sinne ihres ökonomischen Nutzens sprechen und damit verbunden vom Topos einer kontingenten „glücklichen Kindheit". Mit der Erosion des Wohlfahrtsstaates beginnt die Besorgnis über die Leistungsfähigkeit der Kinder im Sinne einer besseren Nutzung des Humankapitals, wie sich am Beispiel von PISA zeigt.

Die aktuellen Entwicklungen im Elementarbereich sowie im Übergang zur Primarstufe verändern die Organisationslogiken von Kindergarten und Grundschule. Sie treffen auf generelle, global angestoßene Tendenzen, das formale Lernen in einem neuen Verhältnis von Regulierung und Deregulierung mit dem Ziel des gesteigerten Outputs neu zu formieren. Damit verbunden ist abnehmende Orientierung an den Prinzipien Gleichheit und Gerechtigkeit, da nun neoliberale ökonomische Muster den demokratischen Auftrag pädagogischer Organisationen überformen. Allerdings äußert sich diese neue Steuerung nicht in autoritärer Form, sondern operiert mit hoch motivierten, individuell und kreativ lernenden Kindern, die vor allem im Kindergarten angeblich bisher vernachlässigt wurden.

Ein Beispiel für diese Argumentation ist der Bestseller von Donata Elschenbroich „Das Weltwissen der Siebenjährigen" (Elschenbroich 2002). Elschenbroich geht es um die Bildungserfahrungen, die Erwachsene den Kindern schulden, weil – mit Verweis auf die Neurowissenschaften – Kinder besonders „hochtourige Lerner" seien. Auch Kindertageseinrichtungen seien z.B. durch die Orientierung an der reifenden Kindheit, am Situationsansatz oder am Freispiel dieser Bringschuld nicht nachgekommen. So schreibt sie zum Spiel: „Hinter der Debatte um das Freispiel steckt oft viel Ideologie. Nicht jedes unangeleitete Tun von Kindern ist aber gleich Spiel. Ich würde Kindern wünschen, dass sie Ruhe und genug Stoff haben, um Spiele wirklich entwickeln zu können. Vieles von diesem Freispiel ist – in Kindergärten – manchmal ein oberflächliches Sich-selbst-überlassen-Sein. Mit sinnvollen Anstößen können Kinder das Freispiel dagegen zu einer großen Meisterschaft entwickeln" (Elschenbroich 2001, S. 17).

Dahinter steht eine von der Autorin anthropologisch begründete und als solche nicht belegte Ansicht, dass das Kind perfekt sein möchte und dass Erwachsene diesen Prozess wirksam unterstützen müssten (vgl. Elschenbroich 2002, S. 53). Bemerkenswert sind die vielen Widersprüche, die typisch sind für viele neuere frühpädagogische Programmatiken. So sollen beispielsweise Kinder in dem o.g. Zitat in Ruhe spielen, aber das Spiel soll von Erwachsenen angeregt und gesteuert werden, um Meisterschaft, d.h. Leistung zu erreichen. Dabei sollen Erwachsene in Familie und Kindergarten nichts dem Zufall überlassen, sondern die Bildungsbiographien frühzeitig Richtung Erfolg steuern. Deuten sich diese Steuerungsmechanismen bei Elschenbroich schon an, ist dieser Ansatz im bayerischen Bildungsplan, wenn auch mit teilweise anderen Begründungsfiguren, für den Kindergarten im Detail und mit Blick auf die Verzahnung mit der Schule ausgearbeitet.

Obwohl der bayerische Bildungsplan auf Bildungsstandards und Kompetenzerwartungen zielt, argumentiert er mit der Rhetorik der Neuen Kindheitsforschung vom Kinde aus, das als „aktiver Konstrukteur seines Wissens" (Bayerisches Staatsministerium für Arbeit und Sozialordnung, Familie und Frauen & Staatsinstitut für Frühpädagogik 2012, S. XVIII) im Mittelpunkt stehen soll. Das Curriculum grenzt sich dabei deutlich von anderen frühpädagogischen Konzepten ab: „*Mit diesem Plan ist es gelungen, bislang im Elementarbereich vorherrschende selbstgestaltungstheoretische Positionen bei der Fundierung von Bildungsprozessen zugunsten interaktionistischer Ansätze zu verlassen und damit das Bildungsverständnis neu zu konzeptualisieren*" (ebd., S. XI). Allerdings erlauben die sehr engen und detaillierten Kompetenzerwartungen kaum Spielraum für das intendierte gemeinsame Bedeutungsaushandeln von Kindern und Fachkräften, sondern bewirken eine Normierung von Kindheit über Diagnostik sowie eine Totalerfassung der kindlichen Bildungsbiographie, wie folgendes Zitat verdeutlicht: „*Grundlage für eine stärkenorientierte und prozessbegleitende Rückmeldung an die Lernenden in allen Bildungsinstitutionen sind die systematische Beob-*

achtung und Dokumentation der kindlichen Lern- und Entwicklungsprozesse. In der Schule haben Lehrerinnen und Lehrer zudem die Aufgabe, Ergebnisse von Lernprozessen zu überprüfen und zu bewerten sowie ihre gesamte Arbeit an Bildungsstandards und festgelegten Kompetenzerwartungen zu orientieren. Viel Einblick in die Interessen, Kenntnisse und Fähigkeiten der Kinder geben Portfolios. Sie dienen den Kindern zur Reflexion ihrer Lernprozesse und den Pädagoginnen als Grundlage für die weitere Planung sowie den Austausch mit Eltern und anderen Bildungsorten" (ebd., S. XX).

Die Partizipation der Kinder als Akteure wird als Bedingung für das Gelingen der Diagnosen gesetzt. Nur, wenn die Kinder mitmachen, lassen sie sich in ihrer Entwicklung und ihrem Entwicklungspotential einschätzen. *"Wenn man unterstellt, dass die Diagnostik der Förderung dient, so sind die Erzieherinnen und Erzieher für die Förderung der Kinder zuständig, die Kinder aber dafür, sich entlang einem standardisierten und normierten Bildungsweg entlang diagnostizieren und fördern zu lassen. Als Fähigkeit vor Beginn der Schule wird erwartet, die eigene Person als eine zu begreifen, die beobachtet und über die eine Akte geführt wird."* (Deckert-Peaceman/Scholz 2016, S. 160)

Diese Hervorbringung eines spezifischen Akteurs wird sichtbar an der Rolle der Portfolios, die den Kindern zur Reflexion ihrer Lernprozesse dienen sollen. Der gesamte Subtext zeigt, dass es damit nicht um Reflexionsprozesse im bildungstheoretischen Sinne geht, sondern darum, dass Kinder selbst die Differenz zwischen den eigenen Leistungen und den Standards bzw. Kompetenzerwartungen erkennen. *"Sie sollen sich als ihre eigene Bildungsbiographie planende Subjekte auffassen. Damit verschiebt sich noch einmal die Verantwortung für Gelingen oder Scheitern des Optimierungsprozesses. Die Verantwortung dafür liegt trotz aller Diagnose und Förderung beim Kind, zentral grundgelegt durch die ihm unterstellte Fähigkeit, sich selbst als Organisator seines Optimierungsprozesses zu konstituieren."* (a.a.O., S. 161)

Schluss

Die aktuellen Tendenzen einer Kindorientierung mit dem individuellen Lernen im Zentrum meinen im Kindergarten und in der Grundschule etwas anderes, als es das jeweilige Selbstverständnis und die Traditionen nahelegen. Das geforderte individualisierte Lernen dient vor allem einer besseren Nutzung des Humankapitals im Sinne eines veränderten Arbeitsmarktes. Die Grundschule verliert damit die Orientierung am reformpädagogischen Kind, das möglichst ungestört und ohne bestimmten Zweck sein kreatives Bildungspotential frei entfalten sollte. Der Kindergarten verliert seinen u.a. aus der Sozialpädagogik stammenden emanzipatorischen Ansatz, das Kind in seinen Aktivitäten frei nach seinen Interessen und Bedürfnissen entscheiden zu lassen. Kindergarten und Grundschulen verlieren gemeinsam ihre Distanz zur ökonomischen Verwertbarkeit und damit ihre pädagogische Autonomie, die lange als entscheidend für die Persönlichkeitsentwicklung von Kindern, für eine Erziehung zur Mündigkeit und für die Berufszufriedenheit der erzieherisch Tätigen gesehen wurde.

Für die Frage nach der Anschlussfähigkeit wäre eine gemeinsame Abwehr des Rationalitätsmythos vom Hochleistungslerner im Kindesalter als Garant unseres Wohlstands bedeutsam. Kindergarten und Grundschule sollten sich dafür einsetzen, den Raum für die Unverfügbarkeit kindlichen Lernens wieder herzustellen – nicht im Sinne eines naiven reformpädagogischen Pathos, sondern als Errungenschaft zivilisatorischen Miteinanders und als Beitrag zur Weiterentwicklung unserer Demokratie. Dazu gehört die Forderung an die Politik, wieder mehr Verantwortung für Bildung im Klafkischen Sinne (Selbstbestimmungs-, Mitbestimmungs- und Solidaritätsfähigkeit) zu übernehmen und sie nicht dem Primat der Ökonomie zu überlassen. Schließlich gilt es auch, den politischen Fortschritt zu sichern. Die Orientierung an Gleichheit und Gerechtigkeit in der Bildungspolitik ist ein zentraler Motor demokratischer Gesellschaften. Eine Vernachlässigung oder sogar die Aufgabe dieser Postulate könnte unser politisches Fundament zerstören und wäre ein inakzeptabler hoher Preis.

Literatur

Aicher-Jakob, Marion (2015): Das Verhältnis von Kindergarten und Schule – ein chronischer Disput. Eine empirisch fundierte Studie zur Implementierung des Orientierungsplans in baden-württembergischen Kindertageseinrichtungen. Bad Heilbrunn: Klinkhardt.

Bayerisches Staatsministerium für Arbeit, Sozialordnung, Familie und Frauen & Staatsinstitut für Frühpädagogik (2012, 5. Erweiterte Auflage): Der Bayerische Bildungs- und Erziehungsplan für Kinder in Tageseinrichtungen bis zur Schule. Berlin. Cornelsen

Deckert-Peaceman, Heike (2014): Was heißt Anschlussfähigkeit? Das Verhältnis von Kindergarten und Grundschule im Spiegel der Qualitätsdebatten und ihre Auswirkung auf die Organisationslogik der Grundschule. In: Drieschner, Elmar/Gaus, Detlef (Hrsg.): Das Bildungssystem und seine strukturellen Koppelungen. Umweltbeziehungen des Bildungssystems aus historischer, systematischer und empirischer Perspektive. Wiesbaden: VS Verlag, S. 1991 – 215.

Deckert-Peaceman, Heike/Scholz, Gerold: Vom Kind zum Schüler.. Diskurs-Praxis-Formationen zum Schulanfang und ihre Bedeutung für die Theorie der Grundschule. Opladen/Berlin/Toronto 2016.

Diehm, Isabell (2004): Kindergarten und Grundschule. In: Helsper, Werner/Böhme, Jeannette (Hrsg.): Handbuch Schulforschung. Wiesbaden: VS Verlag für Sozialwissenschaften, S.529–547.

Drieschner, Elmar/Gaus, Detlef (2012): Kindergarten und Grundschule zwischen Differenzierung und Integration. Modellannahmen über Strukturen und Prozesse der Systementwicklung. In: Zeitschrift für Pädagogik 58, H.4, S.541–559.

Elschenbroich, Donata (2001): Das Weltwissen der Siebenjährigen. München: Kunstmann.

Hassel, Anke/Lütz, Susanne (2010): Durch die Krise aus der Krise? Die neue Stärke des Staates. In: dms – Zeitschrift für Public Policy, Recht und Management, H.2, S.251–271.

Hessisches Institut für Bildungsplanung und Schulentwicklung (1982): Reform des Primarbereichs. Die Eingangsstufe in Hessen. Ein historischer Abriss. (Sonderreihe H. 13/Schmidt-Ivo, G.) Wiesbaden.

Zeiher, Helga (2005): Der Machtgewinn der Arbeitswelt über die Zeit der Kinder. In: Hengst, Heinz/Zeiher, Helga (Hrsg.): Kindheit soziologisch. Wiesbaden: VS Verlag für Sozialwissenschaften, S.201–226.

Heidemarie Lex-Nalis

Das österreichische Kindergartenwesen – Blick in die Geschichte und die aktuellen Diskussionen

Bildung beginnt im Kindergarten

Internationale Organisationen wie OECD, ILO (International Labour Organisation), UNICEF oder EU weisen seit Mitte der 1990er Jahre auf die Bedeutung der frühen Bildung von Kindern im Vorschulalter hin (vgl. Klamert et.al. 2013). Seit Anfang 2000 werden auch in Österreich Forderungen nach der „Aufwertung" des Kindergartens von einer Betreuungs- zu einer Bildungseinrichtung und die Eingliederung des Kindergartenwesens in das Bildungswesen laut.

Dieser Beitrag versucht, die Geschichte des österreichischen Kindergartenwesens von seinen Anfängen bis heute zu skizzieren. Besonderes Augenmerk wird dabei darauf gelegt, aufzuzeigen, dass die Entwicklung des Kindergartenwesens nicht linear im Sinne „von der Bewahranstalt zum Kindergarten und zur elementaren Bildungseinrichtung" verläuft, sondern Betreuung, Bildung und Erziehung im Kindergarten eine untrennbare Einheit bilden. Welcher der drei Bereiche welches Gewicht bekommt und welche Art von Bildung gemeint ist, hing und hängt bis heute von der Trägerschaft – und deren politischer und ideologischer Weltanschauung – der jeweiligen Einrichtung ab.

Der Beitrag ist entlang der geschichtlichen Epochen der letzten ca. 200 Jahre aufgebaut. Die Ausführungen zur älteren Geschichte fußen auf unveröffentlichten Dissertationen, eigenen historischen Recherchen, ergänzt durch Literatur, die sich mit der Entwicklung der Kindergartenpädagogik in Deutschland und mit der österreichischen Geschichte der Arbeiterbewegung beschäftigen. Die jüngere Geschichte seit Mitte der 1960er Jahre wird durch meine eigene Wahrnehmungs- und Erfahrungsperspektive ergänzt. Angaben zur Literatur finden sich im Anhang.

Die Anfänge der institutionellen Kinderbetreuung bis zum Ende der Donaumonarchie 1918

Die Entstehungsgeschichte der ersten Kinderbetreuungseinrichtungen ist im Zusammenhang mit mehreren Faktoren zu sehen: mit der durch die Industrialisierung bedingten Veränderung der Produktionsformen, der Familienstrukturen und der Arbeits- und Wohnverhältnisse, mit der zunehmenden Verelendung der Fabriksarbeiter und der Verwahrlosung ihrer Kinder, aber auch mit dem zunehmenden Bedarf der Fabriksbesitzer an disziplinierten und arbeitsamen Arbeitern. Nicht zuletzt auch mit den Philosophen der Aufklärung, die von Chancengerechtigkeit für alle Menschen sprachen und die den Glauben an eine höhere Macht durch Vernunft und Bildung ersetzen wollten (vgl. Aden-Grossmann 2011, S. 16–17).

In Österreich wurden die ersten Kinderbetreuungseinrichtungen in der ersten Hälfte des 19. Jh. gegründet. Ab diesem Zeitpunkt setzte ein Ringen darüber ein, wer für die Führung und Aufsicht derartiger Einrichtungen zuständig sein sollte.

Als der jüdische Kaufmann Wertheimer 1830, beeinflusst von den aufklärerischen Ideen und angeregt durch die in England bereits existierenden „Kleinkinderschulen", ein Ansuchen auf Errichtung einer derartigen Einrichtung an die Landesregierung stellte, stieß dies bei der katholischen Kaiserin Caroline Auguste zunächst auf Skepsis. Schließlich bekam Wertheimer 1830 doch die Genehmigung zur Gründung einer „Bewahranstalt" in Wien unter der Voraussetzung, diese gemeinsam mit einem Pfarrer zu führen. In Folge beauftragte die Kaiserin die bisher im Schulwesen tätigen „Halleiner Schulschwestern" mit Aufbau und Leitung von „Bewahranstalten" unter der Kontrolle des „Centralvereins der Kinderbewahranstalten". Ziel dieser Bewahranstalten war es *„die Kinder unter der Aufsicht mütterlicher Wärterinnen zu bewahren und ihren Kräften und Fähigkeiten angemessen zu beschäftigen und sie zu Gehorsam, Ordnung und Reinlichkeit zu erziehen."* (Bericht 1873, S. 3)

Zeitgleich zur Entstehung von „Bewahranstalten" für arme und von Verwahrlosung bedrohte Kinder entwickelte Friedrich Fröbel in Deutschland ein pädagogisches Konzept der außerhäuslichen Erziehung, das auf den Ideen Pestalozzis aufbaute. Er nannte seine 1840 entstandene Einrichtung „Kindergarten" und verstand diese als professionelle Ergänzung zur Erziehung durch die Mutter. Seine Theorien von der Bedeutung des Spieles für die Vorbereitung des Kindes auf das (Arbeits-)Leben, seine Sichtweise von der Kindheit als „Frühling, in dem das Leben erwacht" und nicht zuletzt seine Sichtweise von der „besonderen Bedeutung der Rolle der Mutter" (vgl. Bamler et.al. 2010, S. 57) stießen sowohl beim österreichischen aufgeklärten Bürgertum als auch bei den staatlichen Behörden auf Interesse.

1863 wird der erste Privat-Kindergarten nach dem Vorbild Friedrich Fröbels in Wien gegründet.[1] Kindergärten nach Fröbels Vorbild wurden als „Normalkindergärten" bezeichnet und waren auf Grund der mit der Berufstätigkeit unvereinbaren Öffnungszeiten und wegen des finanziellen Beitrages, der monatlich zu leisten war, für Kinder aus ärmeren Schichten unzugänglich (vgl. Heckel 1969, S. 62). Die Fröbelschen Ideen fanden zunehmend auch in den Bewahranstalten Einlass, und so entwickelten sich diese zu „wahren Volkskindergärten" (Zeitschrift für das Kindergartenwesen Jg. 1923 Nr.1/2 S. 3.).

Mit dem Reichsvolksschulgesetz von 1869 wurden die unterschiedlichen vorschulischen Einrichtungen – Bewahranstalten, Krippen und Kindergärten – einschließlich der Ausbildung von Betreuungspersonen rechtlich dem Schulsystem eingegliedert. Der Kindergarten als familienergänzende und staatlich gelenkte Bildungseinrichtung bekam somit seinen festen Platz in der österreichischen Bildungslandschaft *„als vermittelndes Glied zwischen dem Hause und der Schule"*. (Sendler 1867, S. 2) Die Aufgabe des Kindergartens war es einerseits *„dem Hause eine Last abzunehmen und die Kinder vor Schaden zu behüten"*, und andererseits *„die Kinder für das spätere Schulleben vorzubereiten, indem sie die geistigen und sittlichen Anlagen derselben auf eine dem Entwicklungsgange entsprechende Weise anregen und beschäftigen."* (ebd. S. 4)

An den Lehrerinnenbildungsanstalten (LBA) wurden einjährige „Lehrcurse" zur Ausbildung von Kindergärtnerinnen eingerichtet (RVG 1869, Verordnung 1872). Die erste staatliche k.k. LBA mit angeschlossenem Kindergärtnerinnenkurs wurde 1872/73 in Graz errichtet. 1879 und 1883 folgten weitere in Wien. Ab 1989 entstanden Bil-

---

[1] Vgl. https://www.wien.gv.at/wiki/index.php?title=Kindergarten (25.02.2018)

dungskurse zur Ausbildung von Kindergärtnerinnen auch an den von den Frauenorden geführten Lehrerinnenbildungsanstalten in Zams, Innsbruck, Salzburg und Graz-Eggenberg (Lex-Nalis 2013, S. 155).

Das österreichische Kindergartenwesen nach dem Zerfall der Donaumonarchie – Volkskindergärten vs. Normalkindergärten

Nach dem 1.Weltkrieg und dem Zerfall der Monarchie galt zwar nach wie vor die Kindergarten-Verordnung von 1872, in der die pädagogische Aufsicht von Kindergärten und das Ausbildungswesen von Kindergärtnerinnen im Unterrichtsressort angesiedelt war, das Kindergartenwesen selbst wurde jedoch 1920 zum großen Unmut der Berufsverbände in das staatliche Sozialwesen (Staatsamt für soziale Verwaltung) eingegliedert. Dies war die logische Konsequenz der Entwicklung aus den Kriegsjahren, in denen der Kindergarten zunehmend sozialfürsorgerische Aufgaben übernahm und auf Landesebene in die neu entstandenen Jugendämter eingegliedert wurde (vgl. Heckel 1969, S. 172).

Ab dieser Zeit verläuft die Entwicklung des österreichischen Kindergartenwesens in Wien und in den übrigen Bundesländern sehr unterschiedlich.

Volkskindergärten im Roten Wien

Im sozialdemokratisch regierten Wien entstanden innerhalb kurzer Zeit städtische „Volkskindergärten" mit Öffnungszeiten von 6:00 bis 18:00. Ziel dieser Einrichtungen war es, *„Erziehungsnotständen frühzeitig entgegenwirken, Einzelkindern ein Gemeinschaftsleben ermöglichen, Familien finanziell zu entlasten und Müttern die Erwerbstätigkeit zu gewährleisten."* (Jugendamt der Stadt Wien 1987) Die pädagogischen Ideen Fröbels sollten mit den emanzipatorischen und klassenkämpferischen Ideen der „sozialistischen Erziehung" ergänzt werden.

Zu diesem Zweck errichtete die Stadt Wien 1921 eine eigene, unter der Leitung von Anton Tesarek[2] stehende „Bildungsanstalt für

---

2 Anton Tesarek war der Gründer der Roten Falken (vgl. https://www.wien.gv.at/wiki/index.php/Anton_Tesarek. 25.02.2018).

Kindergärtnerinnen", die ab 1924/25 in ein Arbeiterviertel verlegt wurde, damit *„die Zöglinge somit von vornherein in einem Milieu erzogen werden, das es verhindert, später hilflos ihren Schützlingen, die meist aus der Arbeiterschicht stammen, gegenüberzustehn."* (Frankowski[3]/Gottlieb 1927 S. 40)

Zur Ergänzung der Ausbildung wurde am Pädagogischen Institut der Stadt Wien gemeinsam mit der „Arbeitsgemeinschaft der städtischen Kindergärtnerinnen" und dem Psychologischen Institut der Stadt Wien ein Arbeitskomitee gegründet, „das psychologische Arbeiten unter Berücksichtigung der Bedürfnisse des Kindergartens durchzuführen hat." (ebd., S. 42) Auch Lehrgänge für Montessoripädagogik und für die neu entstandene „Psychoanalytische Pädagogik" wurden eingerichtet. Zur Umsetzung der Montessoripädagogik wurden eigene „Versuchskindergärten" eingerichtet (ebd. S. 42), und in den von Heinrich Meng gesammelten Aufsätzen zur Psychoanalytischen Pädagogik des Kleinkindes kann man nachlesen, wie die psychoanalytische Pädagogik in den Kindergartenalltag eingebaut wurde (Meng 1937).

Anna Freud schreibt dazu in der veröffentlichten Sammlung ihrer Vorlesungen in den Aus-und Weiterbildungskursen für Kindergarten- und Hortpädagog_innen „Psychoanalyse für Pädagogen": „[Ziel ist] *Lehrer und Erzieher in die die Denkweise der Psychoanalyse einzuführen und in weiterer Folge eine Pädagogik aufzubauen, die zur Gänze auf der Einsicht in das Wesen des Kindes, in seine Bedürfnisse, seine triebhaften Gegebenheiten und seine Konflikte mit der Außenwelt und der Innenwelt beruht"* (Freud 1935 S. 7).

Die Verantwortlichkeit, welche die Bildungsziele (des Kindergartens), die in der in der Ausbildung verwendeten Lehrbücher und die pädagogische Aufsicht betraf, lag zwar weiterhin bei den Schulinspektoren, diese arbeiteten jedoch eng mit der „Arbeitsgemeinschaft von Kindergärtnerinnen" zusammen. Zur besseren Zusammenarbeit zwischen Kindergarten und Schule bot das Pädagogische Institut ein „Seminar für Kindergärtnerinnen und Elementarlehrerinnen zur Besprechung gemeinsamer Erziehungsfragen im Alter der beginnenden Schulreife" an. Auch die Einführung eines einjährigen „Pflichtkindergartens" wurde gefordert (vgl. Heckel 1969 S. 296).

---

3   Frankowski war zu dieser Zeit Inspektor der Wiener Kindergärten.

Die Zusammenarbeit zwischen Schule und Kindergarten war somit gewährleistet, und in ausgewählten städtischen Kindergärten kamen sogar Beobachtungsbögen, die sowohl den Grad der Schulreife auswiesen, als auch als Grundlage für Gespräche mit Eltern dienen sollten, zum Einsatz (Simonic/Skalla 1932, S. 151).

Mit der Errichtung des faschistischen Ständestaates 1934 und in weiterer Folge mit dem nationalsozialistischen Regime wurde diese Entwicklung abrupt gestoppt. Anna Freud emigrierte so wie viele ihrer jüdischen psychoanalytischen KollegInnen ins Ausland und Anton Tesarek wurde 1934 in Schutzhaft genommen und 1938 in ein Konzentrationslager eingeliefert.

Tesarek überlebte den Krieg und wurde 1945 Leiter des Jugendamtes der Stadt Wien und damit auch Leiter der städtischen Bildungsanstalt. Mit ihm lebte die Idee vom Kindergarten als „fürsorgerische" und „kompensatorische" Bildungseinrichtung für Arbeiterkinder weiter. (s. FN 1)

Normalkindergärten am Land

In den anderen Bundesländern überwogen die sogenannten „Normalkindergärten", die hauptsächlich in der Trägerschaft von Ordensgemeinschaften und Vereinen waren. Diese halbtägig geöffneten Einrichtungen waren jenen Familien vorbehalten, die ihre Kinder zwar vorwiegend zu Haus erziehen, im Sinne Fröbels jedoch professionell ergänzen wollten.

Nationalsozialistische Erziehung im Kindergarten

Während der Nazi-Diktatur lag die Ausbildung aller Pädagog_innen in den Händen der Nationalsozialistischen Partei, die ihre Erziehungsgrundsätze mit äußerst wirkungsvollen Methoden in alle Bildungs- und Erziehungseinrichtungen hineingetragen haben. In einem 15 Punkte umfassenden Aufgabenkatalog wurde die Kindergärtnerin unter anderem dazu aufgefordert, dafür zu sorgen, dass innerhalb von 5 Jahren 100% aller Kindergarteneltern dort sind, wo der *„Führer es wünscht."* (Hamann 2013, S. 25)

Die Entwicklungen nach dem 2. Weltkrieg bis zum EU-Beitritt Österreichs

Nach 1945 war das Kindergartenwesen erneut im BM für Unterricht eingegliedert und von 1948 – 1978 wurde die dafür zuständige Abteilung von Frau Ministerialrätin Dr. Agnes Niegl geleitet. Niegl war Mitbegründerin des Katholischen Akademikerverbandes und wurde 2008 vom Religionsjournalisten Peter Pawlowsky als „politische Katholikin" bezeichnet (Pawlowsky 2008, S. 15). Dies zu erwähnen scheint mir bedeutend, da sie 30 Jahre lang in Zusammenarbeit mit der „Caritas Oberösterreich" und dem „Interdiözesanen Amt für Unterricht und Erziehung" die Entwicklung des österreichischen Kindergartenwesens steuerte und nachhaltig beeinflusste. In ihrem 1950 erschienenen Buch „Gegenwartsfragen der Kindergartenerziehung" bezeichnet sie den Kindergarten als *„eine die moralisch und wirtschaftlich gesunde Familie ergänzende Erziehungseinrichtung für normale Kinder, der für wenige Stunden des Tages (Halbtag) die planmäßige erzieherische Führung übernimmt."* (Niegl 1950 S. 22) Auch an den Ergebnissen der Österreichischen Tagung für Kindergartenpädagogik, die vom BM für Unterricht 1948 veranstaltet wurde, lässt sich die bildungspolitische Positionierung des Kindergartenwesens außerhalb Wiens festmachen. Auch hier wird der Halbtagskindergarten als die ideale Form beschrieben, bei der die Arbeit im „obersten Jahrgang" der Schulvorbereitung vorbehalten sein soll. Kinderkrippen für Kinder unter 3 Jahren wurden als „Notersatz" bezeichnet und „die Religion war als Kernstück aller Erziehung in die Kindergartenarbeit einzubauen." (ebd., S. 329)

Neue Unterrichtsmaterialien für den berufspraktischen Unterricht an den Bildungsanstalten für Kindergärtnerinnen wurden fortan allesamt von gläubigen Katholikinnen oder Ordensschwestern verfasst. Das Hauptwerk dieser Zeit, die „Bildungsarbeit der Kindergärtnerin" von Margarete Schmaus (1958) prägt bis heute den Kindergartenalltag am Land. Die einzige Fachzeitschrift für den Kindergarten, „Unsere Kinder", wurde von der Caritas herausgegeben, und der 1975 erschienene erste Bildungsplan „Bildung und Erziehung im Kindergarten", der bis Ende der 1990er Jahre an allen Bildungsanstalten Grundlage für die berufspraktischen Unterrichtsgegenstände war, wurde ebenfalls von Mitarbeiterinnen der Caritas Oberösterreich verfasst.

In der Einleitung ist zu lesen, dass sich der Bildungsplan im *„Bereich der religiös-christlichen Erziehung an den Dokumenten des Zweiten Vatikanischen Konzils bzw. den Diözesansynoden orientiert und dass eine dynamische und mobile Welt mit pluralistischen Wertesystemen einen Menschen erfordert, der einen begründeten und immer wieder zu begründenden Standort besonders im Hinblick auf seine religiöse, sittliche und soziale Werthaltung hat."* (vgl. Niederle et. al. 1975, Einleitung, o. S.) Die insgesamt 11 vorgegebenen Bildungsinhalte „Emotionale Erziehung, Sozialverhalten, Sexualerziehung, Wertverhalten, religiös christliche Erziehung, Kreativität, Sprachbildung, Denkförderung, Bewegungserziehung, Lern- und Leistungsverhalten, Umweltbewegung" (Niederle et.al. 1975, Einleitung, o.S) sollten in methodisch aufbereiteten „Aktivitäten" über den Halbtag und die Woche verteilt angeboten werden. Die Jahresplanung sollte sich an den Jahreszeiten und an den christlichen Festen orientieren. Die Öffnungszeiten der an den Bildungsanstalten angeschlossenen Übungskindergärten waren ident mit denen der Volksschule. Die Ausbildung der Kindergärtnerinnen war also auf Kinder, deren Mütter Hausfrauen waren und die ihre eigene Erziehung durch die Erziehung im Kindergarten vormittags für einige Stunden ergänzen wollten, ausgerichtet.

Die städtische Bildungsanstalt in Wien mit ihren eigenen Übungskindergärten verfolgte hingegen konsequent den in der 1. Republik eingeschlagenen Weg der Verbindung von sozialfürsorgerischem und erzieherischem Auftrag.

Bis zum Beginn der 1960er Jahre (SCHOG 1962) war die Ausbildung zur Kindergärtnerin – mit Ausnahme der Städtischen Bildungsanstalt in Wien – unter dem Dach der LBA angesiedelt. Mit der Errichtung der Pädagogischen Akademien fand die Entkoppelung der Kindergärtnerinnenausbildung von der Lehrerinnenausbildung statt. Gleichzeitig fiel das Kindergartenwesen in die Kompetenz der Sozialämter in den Ländern und verschwand damit über Jahrzehnte hinweg aus allen Debatten der Bildungspolitik.

Stillstand in der Ausbildung und in der Forschung

Ab dem Schuljahr 1985/86 wurden aus den 4-jährigen „Bildungsanstalten für Kindergärtnerinnen" die 5-jährigen „Bildungsanstalten für Kindergartenpädagogik", die die Schüler_innen sowohl zur Berufsbefähigung als auch zur Hochschulreife führten. Diese Aufstockung auf 5 Jahre (mit Matura) und damit die Wiederholung einer Schulform, die für die Ausbildung von Lehrkräften seit dem SCHOG 1962 abgeschafft wurde, beendete zwar die „Sackgassen-Situation" für jede einzelne Absolventin, führte jedoch nicht zu einer zeitgemäßen Berufsausbildung. Österreich ignorierte die Entwicklungen in den anderen europäischen Ländern, die ab den 90er Jahren sukzessive begannen, die Ausbildungen für Kindergartenpädagog_innen auf tertiäres Niveau anzuheben (vgl. Oberhuemer/Ulich 1997).

Daran ändert auch die im Schuljahr 2016/17 stattgefundene Umbenennung in „Bildungsanstalt für Elementarpädagogik" und die Schaffung von neuen Ausbildungsgegenständen nichts. Österreich ist mittlerweile das einzige europäische Land, in dem die Ausbildung auf der Sekundarstufe stattfindet.

Lehrkräfte für den berufspraktischen Bereich verfügen bis heute über keinerlei zusätzliche Ausbildung – außer der abgeschlossenen Berufsausbildung zur Kindergärtnerin –, und daher wird vielfach unreflektiert weitergegeben, was sie selber in ihrer Ausbildung gelernt haben. Erziehungs-und bildungswissenschaftliche Diskussionen finden nach wie vor kaum Eingang in die Ausbildung von Kindergartenpädagog_innen.

Seit 2010 gibt es einen Lehrstuhl für Elementarpädagogik an der Universität Graz und eine halbe Professur in Innsbruck.

Der Bildungsauftrag des Kindergartens von heute

Als Anfang 2000 die beschämenden PISA-Ergebnisse die Bildungspolitiker_innen erreichten, wurden die „Ausländer" dafür verantwortlich gemacht, und die Politik reagierte umgehend. Die frühe Sprachförderung wurde als Schlüssel zur Verbesserung der schulischen Leistungen erkannt, und seit 2008 werden bundesweite Sprachförderprogramme finanziert. Um die Bildungsarbeit im Kindergarten bundesweit vergleichbar zu machen, wurde im Herbst

2009 vom BM für Unterricht in Zusammenarbeit mit den Ländern der erste bundesweit gültige „BildungsRahmenPlan für elementare Bildungseinrichtungen"[4] herausgegeben. Mit diesem Bildungsplan sollte das bislang auf familienergänzender „Vorschulerziehung" basierende Bildungsverständnis durch ein elementarpädagogisches Bildungsverständnis abgelöst werden. Gelungen ist dies aus unterschiedlichen Gründen lediglich ansatzweise, weil verabsäumt wurde, entsprechende Implementierungsmaßnahmen seitens des Bundes zu überlegen und die dafür notwendige Finanzierung sicher zu stellen.

Mit der im Herbst 2016 von der Bundesregierung abgeschlossenen Bildungsreform bekam der Kindergarten wiederum einen fixen Platz in der Bildungspolitik. Im Ausführungserlass des BMB 2016/17 zur Umsetzung der Grundschulreform wird festgehalten, dass *„die Bildungseinrichtungen Kindergarten und Grundschule als gemeinsamer Bildungsraum durchgängige Entwicklungs-und Bildungswege schaffen und faire Bildungschancen für alle Kinder vermitteln sollen."*[5] Dieser Erlass, in dem auch geregelt wird, dass *„die Erziehungsberechtigten im Zuge der Schülerinnen- und Schülereinschreibung Unterlagen, Erhebungen, Fördererergebnisse usw., die während des Kindergartenbesuchs generiert wurden, vorzulegen haben"*, ist für den Kindergartenbereich jedoch nicht bindend. (siehe eigener Kasten Kompetenz-Vielfalt)

Schlussbemerkung

Angesichts der in diesem Beitrag aufgezeigten Entwicklung des elementaren Bildungswesens sieht die Autorin die derzeitige bildungspolitische Debatte um die Positionierung des Kindergartenwesens bestenfalls als Anschluss an bereits Ende des 19. Jh. erreichte Ziele.

So weist Barbara Herzog-Punzenberger nach, dass von den bildungspolitischen Maßnahmen der letzten Jahre hauptsächlich jene Kinder profitieren, deren Eltern den Kindergarten als „professionelle Ergänzung" ihrer eigenen Bildungsangebote sehen und dass es

---

4   https://www.bmb.gv.at/schulen/sb/bildungsrahmenplan.html
5   https://bildung.bmbwf.gv.at/schulen/bw/abs/Erlass_36300-42-I_1-2016.pdf?6ledwn (25.02.2018)

„unter den gegebenen Bedingungen auch bei mehrjährigem Besuch nicht möglich ist, etwaige Benachteiligungen, die mit dem sozioökonomischen Hintergrund sowohl von einheimischen als auch von zugewanderten Familien zusammenhängen, (...) auszugleichen". (vgl. Herzog-Punzenberger 2016, S. 15)

Es wird höchste Zeit, dass die österreichischen Bildungspolitiker_innen Studienergebnisse aus anderen europäischen Ländern berücksichtigen, die nachweisen, dass es nicht ausreicht, Plätze zu schaffen, sondern dass die Qualität der Betreuung ausschlaggebend dafür ist, dass faire Bildungschancen geschaffen werden können. Dafür müsste doppelt so viel Geld wie bisher in die Hand genommen werden (Klamert et.al. 2013, S. 6). So lange dies nicht geschieht, bleibt der Kindergarten – trotz aller gegenteiligen Behauptungen und vieler privater Initiativen – hauptsächlich Betreuungseinrichtung.

Kompetenz-Vielfalt

Das Kindergartenwesen ist in neun unterschiedlichen Landesgesetzen geregelt.
Das BM für Familie und Jugend in Kooperation mit den Ländern ist für die Finanzierung und Umsetzung der von der Bundesregierung beschlossenen Maßnahmen zuständig:
für das verpflichtende Kindergartenjahr und deren pädagogische Arbeit (Bildungsplan),
für die gemeinsame Schuleingangsphase bzw. Schuleinschreibung NEU (Bildungskompass).
Das Integrationsministerium ist für die Finanzierung und Umsetzung der Sprachstandsfeststellung und Sprachförderung zuständig.
Details zur Umsetzung und Evaluierung dieser Maßnahmen (insbesondere die finanziellen Mittel) werden in Art. 15a-Vereinbarungen (Staatsverträgen) zwischen Bund und Ländern geregelt.
Das BM für Bildung hat gemeinsam mit den Länderverantwortlichen den bundesweit gültigen BildungsRahmenPlan erstellt. Die Länder sind für die Umsetzung zuständig.

Das BM für Bildung ist für die Ausbildung von Kindergartenpädagog_innen zuständig.
Die Anstellungserfordernisse, betreffend die fachlichen Anstellungserfordernisse für die von den Ländern, Gemeinden oder von Gemeindeverbänden anzustellenden Kindergärtnerinnen, werden in einem Bundesgesetz geregelt. (BGBl. Nr. 406/1968)
Die einzelnen Standorte sowie die individuellen Regelungen für die Kindergärten und Horte vor Ort liegen in der Kompetenz von öffentlichen (Gemeinden) und privaten Trägereinrichtungen (Glaubensgemeinschaften, Vereinen und Privatpersonen).
Für die katholischen Kindergärten Österreichs gibt es zudem einen Religionspädagogischen BildungsRahmenPlan, dessen Umsetzung österreichweit in über 700 Kindergärten und Horten erfolgt.

Literatur

Aden-Grossmann, Wilma (2011): Der Kindergarten: Geschichte – Entwicklung – Konzepte. Beltz Verlag, Weinheim und Basel.

Bamler, V./Schönberger, I./Wustmann, C. (2010): Lehrbuch Elementarpädagogik. Theorien, Methoden und Arbeitsfelder. Juventa, Weinheim und München.

Bericht (1873) über den Zustand der Kleinkinderbewahr-Anstalten Wiens und Umgebung. http://data.onb.ac.at/ABO/%2BZ218506007 (25.02.2018)

Frankowski, Philipp; Gottlieb, Karl (1927): Die Kindergärten der Gemeinde Wien. Wien: Magistrat.

Freud, Anna (1935): Psychoanalyse für Pädagogen. Eine Einführung. Verlag Hans Huber, Bern, Stuttgart, Wien.

Glöckel, Otto, abzurufen unter https://www.wien.gv.at/wiki/index.php/Otto_Gl%C3%B6ckel (25.02.2018)

Hamann, Georg (2013): Den Führer erhalte uns Gott. Die katholischen Kindergärten Wiens zur Zeit des Nationalsozialismus. Eigentümerin, Herausgeberin, Verlegerin: St. Nikolaus-Kindertagesheimstiftung. Wien.

Heckel, Christine geb. Wallner (1969): Der österreichische Kindergarten 1832–1938. Graz. Inauguraldissertation zur Erlangung des Doktorgrades an der philosophischen Fakultät der Karl Franzens Universität zu Graz.

Herzog-Punzenberger, Barbara (2016): Policy Brief # 04, Kindergartenbesuch und Elementarpädagogik. http://paedpsych.jku.at/index.php/mimepol4/ (25.02.018)

Jugendamt der Stadt Wien (1987): Der Beitrag des Kindergartens zur Sozialisation des Kindes. Referate anlässlich der Enquete des Jugendamtes der Stadt Wien am 22. Jänner 1987, Jugend und Volk, Wien 1987.

Klamert, Stefanie/Hackl, Marion/Hannes, Caterina/ Moser, Winfried (2013): Rechtliche Rahmenbedingungen für elementarpädagogische Einrichtungen im internationalen Vergleich. Institut für Kinderrechte und Elternbildung.

Lex-Nalis, Heidemarie (2013): Die Ausbildung von Pädagogen_innen für das elementarpädagogische Feld – Blicke in die Historie und die aktuellen Diskurse in Österreich. In: Wustmann/Karber/Giener (2013): Kindheit aus sozialwissenschaftlicher Perspektive. Graz.

Meng, Heinrich (1973): Psychoanalytische Pädagogik des Kleinkindes. Verlag Reinhard, München.

Niederle, Charlotte/Lenzeder, Friederike /Michelic,Elisabeth/Mayrhofer-Kneidinger, Rosa (1975): Bildung und Erziehung im Kindergarten, Bildungs-und Erziehungsziele, methodische Hinweise, praktische Anregungen. Westermann, Wien.

Niegl, Agnes (1950): Gegenwartsfragen der Kindergartenerziehung. Herausgegeben im Auftrage des Bundesministeriums für Unterricht. Österreichischer Bundesverlag Wien.

Oberhuemer, P./Ulich,M. (1997): Kinderbetreuung in Europa. Tageseinrichtungen und pädagogisches Personal. Beltz Edition Sozial.

Pawlowsky, Peter (2008): Eine Pionierin ist gegangen. Ein Nachruf auf Agnes Niegl. In: Quart – Zeitschrift des Forums Kunst-Wissenschaft-Medien, S. 15. (http://www.quart-online.at/pdf/quart_2008_03/q2008_03_15.pdf, 25.02.2018)

RVG von 1869 Verordnung „Bestimmungen für Kindergärten und damit verwandte Anstalten" vom 22.6.1872 §21.

Schmaus, Margarete (1958): Die Bildungsarbeit der Kindergärtnerin. Jugend und Volk, Wien.

Sendler, Georg (1867): Die Mittel der Kindergarten-Erziehung: Zweck, Bedeutung und Anwendung derselben. Pichlers Witwe und Sohn. Wien.

Simonic, Anton; Skalla, Lothar (1932): Kindergartenpädagogik. Ein Lern- u. Arbeitsbuch f. Kindergärtnerinnen-Bildungsanstalten. Im Verein m. e. Arbeitsgemeinschaft v. Wiener Kindergärtnerinnen. Mit 148 Abb. u. e. Farbtaf. 2.Aufl. Leipzig: Hölder-Pichler-Tempsky.

Zeitschrift für das Kindergartenwesen Jg.1923 Nr.1/2.

Barbara Herzog-Punzenberger

Kindergartenbesuch in Österreich: Unterschiede in der Nutzung nach Herkunftsgruppen[1]

Der mehrjährige Besuch einer elementarpädagogischen Einrichtung von hoher Qualität bringt den Kindern – so die englische EPP(S)E-Studie (vgl. https://www.ucl.ac.uk/ioe/research/pdf/Ratios_in_Pre-School_Settings_DfEE.pdf) – bis zum Ende der Schulzeit merkliche Vorteile für ihre kognitive und soziale Entwicklung. Daher ist es von Interesse, etwa für die Diskussion der Kompetenzentwicklung unterschiedlicher Schülergruppen, welche Voraussetzungen für einen solchen langjährigen Besuch eines Kindergartens bzw. einer Kinderkrippe vorhanden sind bzw. waren. Die in der Überprüfung der Bildungsstandards Mathematik BIST 2012 erfassten SchülerInnen (8. Schulstufe, hauptsächlich Geburtenjahrgänge 1997/1998) wurden auch zur Dauer ihres Kindergartenbesuchs befragt. Dies ist umso interessanter, als sie zu einer Zeit (1999–2004) elementarpädagogische Einrichtungen besuchten, in der das letzte Kindergartenjahr noch nicht verpflichtend war. Im Bundesdurchschnitt besuchten allerdings nur 3% dieser Geburtenjahrgänge keinen Kindergarten. Bevor untersucht wird, ob ein mehrjähriger Kindergartenbesuch im Vergleich zu einem einjährigen oder keinem auch in Österreich einen Vorteil für Kinder erbringt, wollen wir einen Blick darauf werfen, ob es Unterschiede in der Besuchsdauer zwischen unterschiedlichen Herkunftsgruppen gibt. Welche Kinder besuchen also wie lange elementarpädagogische Einrichtungen? Da in der MIME-Policy Brief-Serie das Thema Migration und Mehrsprachigkeit im Mittelpunkt steht, werden zugewanderte Herkunftsgruppen einer genaueren Betrachtung unterzogen. Hängt die Besuchsdauer mit bestimmten Herkunftsländern der Eltern zusam-

---

1 Der folgende Text ist dem „Policy Brief #4" des Projekts „Migration und Mehrsprachigkeit" entnommen (vgl. http://paedpsych.jku.at/index.php/mime/) und leicht bearbeitet. Wir danken dem finanzierenden Konsortium für die Druckerlaubnis. Der Text stellt die Daten für Österreich vor.

men? Gibt es Herkunftsgruppen, die ihre Kinder nicht oder nur kurz in den Kindergarten schicken?

Oftmals wird ein bestimmtes Verhalten einer bestimmten Herkunftsgruppe zugeordnet, etwa wenn behauptet wird, ChinesInnen, AmerikanerInnen oder TürkInnen wären anders als ÖsterreicherInnen. Das bedeutet, dass eingewanderte Personen aus einem bestimmten Herkunftsland als einheitliche soziokulturelle Gebilde vorgestellt werden, obwohl sie immer – wie die „einheimische" Gesellschaft – aus unterschiedlichen sozialen Schichten, politisch-ideologischen Fraktionen und unterschiedlichen religiösen bzw. säkularisierten Gruppierungen bestehen. Neben den individuellen Unterschieden können auch migrationsspezifische Differenzierungen eine große Rolle spielen, wie etwa der Einwanderungs- oder Einbürgerungszeitpunkt, die rechtliche Stellung und die Aufenthaltsdauer. Gerade das letztgenannte Merkmal spielt für Angleichungsprozesse, Spracherwerb und Integration eine wesentliche Rolle.

Dies zeigt sich auch beim Nutzungsverhalten bzw. der Teilnahme an gesellschaftlich zur Verfügung gestellten Institutionen, wie Kinderkrippen und Kindergärten. In manchen Herkunftsländern bzw. -regionen gab es entweder keine elementarpädagogischen Institutionen in erreichbarer Nähe oder ihre Qualität war so schlecht, dass es keine Option darstellte. Deshalb ist es für das Verständnis des Nutzungsverhaltens von Herkunftsgruppen notwendig, in der Datenanalyse in einem ersten Schritt zwischen den im In- und den im Ausland geborenen Kindern zu unterscheiden.

Nimmt man auf diese Differenzierung keine Rücksicht, ist die Spannbreite der Anteile von Kindern, die keinen Kindergarten besucht haben, zwischen den Herkunftsgruppen groß. So finden sich hier etwa 2% unter jenen, deren Mütter in Österreich, und 32% unter jenen, deren Mütter in Russland geboren wurden. Zwischen den Teilrepubliken des ehemaligen Jugoslawiens bestehen ebenfalls große Unterschiede. Die Maximalwerte an Kindern ohne Kindergartenerfahrung lagen bei 20%, wenn die Mutter im Kosovo, bei 24%, wenn sie in Mazedonien geboren wurde. Die Minimalwerte lagen bei 7%, wenn die Mutter in Bosnien oder Kroatien geboren wurde. Der Anteil von 15% der Kinder von serbischen oder montenegrinischen Müttern lag dazwischen. In der türkischen Gruppe besuchten 13% keinen Kindergarten.

Allerdings finden sich noch größere Differenzen **innerhalb** dieser Herkunftsgruppen! So sind in der „russischen" Gruppe 44% der Kinder, die im Ausland geboren wurden, ohne Kindergartenerfahrung, allerdings nur 8% der Kinder, die in Österreich geboren wurden. Ähnlich ist die Situation in der Gruppe der Kinder mit Müttern, die in der Türkei geboren wurden. Während nur 6% der türkischen zweiten Generation keinen Kindergarten besuchten, waren es 40% derer, die erst nach der Geburt nach Österreich kamen. Ein ähnlich hoher Differenzwert findet sich in der bosnischen Gruppe mit 31 Prozentpunkten (3% zu 34%). Weniger ausgeprägt ist der Unterschied in der kroatischen (5% zu 18%) und der ungarischen Gruppe (4% zu 14%). Slowakische Mütter entschieden sich hingegen etwas häufiger dazu, ihre Kinder keinen Kindergarten besuchen zu lassen, wenn diese in Österreich geboren wurden (6% zu 3%). Ebenso verhält es sich bei deutschen Müttern (3% zu 2%). Bemerkenswert ist, dass in der zweiten Generation jeder Herkunftsgruppe mehr als 90% den Kindergarten besuchten.

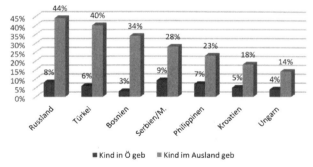

Diagramm 1: Kein Kindergartenbesuch nach Herkunftsland

Diese Darstellung enthält jeweils gesamtösterreichische Durchschnittswerte. Betrachtet man die Kindergartenbeteiligung jedoch nach Bundesländern, so fällt auf, dass es hier Anfang der 2000er-Jahre noch sehr große Unterschiede gab. In den Diskussionen um die institutionelle Teilnahme migrantischer Familien und Kinder wurden die regionalen Differenzen innerhalb Österreichs kaum mit den Differenzen zwischen inländischen und ausländischen Familien oder jenen zwischen spezifischen Herkunftsgruppen in Beziehung gesetzt. Für eine sinnvolle Analyse des Besuchsverhaltens elementarpädagogischer Einrichtungen in Österreich ist es daher nicht nur notwendig, jene SchülerInnen auszuschließen, die den Kindergarten gar nicht in Österreich besuchen konnten, weil sie im fraglichen Alter in einem anderen Land gelebt hatten, sondern auch das Bundesland, in dem die SchülerInnen leben, zu berücksichtigen.

Bundesländervergleich der Kindergartenbesuchsdauer in den Jahren 1998–2004

Überraschend ist, dass unter den 2012 getesteten SchülerInnen, die in Österreich geboren wurden, in Vorarlberg nur 20%, in Niederösterreich hingegen 55% und im Burgenland 60% den Kindergarten drei Jahre oder länger besucht hatten[2]. Die Bundesländerunterschiede betrugen mithin bis zu 40 Prozentpunkte. Wie groß ist aber der Unterschied innerhalb der Bundesländer? Ist die Besuchsdauer zwischen den Kindern von inländischen und jenen von ausländischen Müttern innerhalb eines Bundeslandes auch so groß oder noch größer? Tatsächlich beträgt der Unterschied zwischen den in Österreich geborenen SchülerInnen von "einheimischen" und zugewanderten Müttern nur 6 Prozentpunkte (44 im Vergleich zu 38 Prozentpunkten).

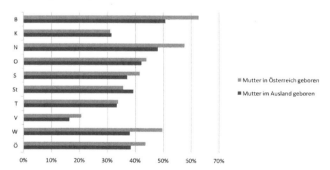

Diagramm 2: Drei oder mehr Jahre Besuchsdauer einer elementarpädagogischen Einrichtung von in Österreich geborenen Kindern in den Jahren 1998–2004 nach Bundesländern.

---

2 Die Differenz betrug beim 2-jährigen Kindergartenbesuch 47 Prozentpunkte – zwischen 12% im Burgenland und 59% in Vorarlberg.

Die Unterschiede zwischen den Bundesländern sind auch innerhalb der Herkunftsgruppen sehr groß, wie etwa der Blick auf die in Österreich geborenen Kinder türkischer Eltern zeigt. Während im Burgenland mehr als die Hälfte der Kinder türkischer Eltern drei oder mehr Jahre im Kindergarten verbracht haben, waren es in Vorarlberg gerade einmal 10%.

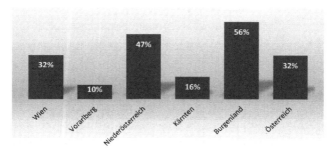

Diagramm 3: Drei oder mehr Jahre Besuchsdauer einer elementarpädagogischen Einrichtung von in Österreich geborenen Kindern türkischer Mütter in den Jahren 1998–2004 nach ausgewählten Bundesländern.

Zu guter Letzt soll auch darauf hingewiesen werden, dass der Bildungshintergrund der Mutter für die Entscheidung der Besuchsdauer eine wesentliche Rolle spielt. Während 38% der Kinder von Müttern mit höchstens einem Pflichtschulabschluss drei oder mehr Jahre eine elementarpädagogische Einrichtung besuchten, waren es 56% der Kinder, deren Mütter einen Universitätsabschluss besaßen. Mütter mit hohem Bildungsabschluss vertrauten scheinbar der Qualität der Einrichtungen mehr und hatten weniger Bedenken, dass der Besuch ihrem Kind schaden könnte.

Internationaler Vergleich der Kindergartenbesuchsdauer unter der türkischen 2. Generation

Der Kindergartenbesuch von eingewanderten Familien orientiert sich, anders als in der Öffentlichkeit oft diskutiert, sehr stark an den örtlichen Gepflogenheiten bzw. der Angebotsstruktur. So wurde in einer Erhebung unter Erwachsenen der 2. Generation mit türkischen Eltern 2008 festgestellt (Crul & Schneider 2012), dass die Besuchsdauer unter den Einwanderungsländern sehr unterschiedlich war und parallel zum Beteiligungsverhalten der jeweiligen Mehrheitsbevölkerung verlief (vgl. www.tiesproject.eu). In Schweden besuchten bereits 40% der 2. Generation mit Eltern aus der Türkei vor dem dritten Lebensjahr einen Kindergarten o.ä., während es in der Schweiz und Deutschland zu dieser Zeit (1970er- bis 1990er-Jahre) jeweils 0% waren. In Belgien traten 68% mit dem dritten Lebensjahr in den Kindergarten ein, in Frankreich waren es 86%, in den Niederlanden allerdings nur 10% und in Österreich 13%. Da in den Niederlanden die meisten Kinder den Kindergartenbesuch mit dem vierten Lebensjahr begannen, taten dies auch 76% der türkischen 2. Generation, während es in der Schweiz nur 11% und in Österreich 24% waren. Hingegen begann der größte Teil in der Schweiz mit 5 Jahren den Kindergartenbesuch, in Österreich wurde bis zum sechsten Lebensjahr gewartet.

Erwachsene 2. Generation (Türkei)	<3	ab 3	ab 4	ab 5	6+
Schweiz	0%	1%	11%	65%	24%
Deutschland	0%	39%	28%	10%	20%
Österreich	4%	13%	24%	15%	43%
Frankreich	3%	86%	6%	3%	1%
Niederlande	4%	10%	76%	7%	3%
Belgien	19%	68%	6%	4%	3%
Schweden	40%	13%	14%	13%	19%

Tabelle 1: Kindergartenbesuch nach Antrittsalter (Türkische 2. Generation)

Diese Verteilung zeigt, dass es nicht so sehr um die Vor- oder Einstellungen, geschweige denn um die Kultur bestimmter Herkunftsgruppen geht, sondern darum, was durch die institutionellen Strukturen ermöglicht wird. Diese strukturellen Voraussetzungen repräsentieren eine gewisse Normalität der Gesellschaft. Wichtig für das Verständnis von Gruppenbeziehungen in einer Gesellschaft ist, darauf zu achten, wann und wie Zugewanderte zu „Anderen" *gemacht* werden, denn oftmals geht es nicht darum, was oder wie sie wirklich sind. Die großen Unterschiede, die es etwa zwischen Bundesländern oder europäischen Nachbarländern gibt, sind in dieser Diskussion scheinbar nicht weiter wichtig. Sie werden nicht für Prozesse der

Identitätsbildung oder -versicherung gebraucht. Ebenso wird verhältnismäßig kleinen Unterschieden zu großer Wichtigkeit verholfen, wenn sie in rhetorischen Akten der Grenzziehung und damit zur Konstruktion von unterscheidbaren Gruppen verwendet werden können. Sie werden dann zumindest in der Vorstellung zu Merkmalen der Gruppenzugehörigkeit, selbst wenn Daten und Fakten dem widersprechen bzw. den Umfang der Gemeinsamkeiten als sehr viel größer ausweisen. Dies ist bei der Dauer des Kindergartenbesuchs offensichtlich der Fall.

Profitieren sozial benachteiligte Kinder genauso stark vom Kindergarten?

Durch die standardisierten Testungen mit großen Stichproben von mehreren tausend SchülerInnen oder Vollerhebungen von Jahrgangsklassen (BIST-Testung 2013, Baseline-Testung 2010, PIRLS 2006, PISA 2009) kann die Langzeitwirkung des Kindergartenbesuchs auf schulische Leistungen analysiert werden – zwar *ohne Qualitätsindikatoren,* dafür differenziert nach Subgruppen der SchülerInnen wie Berufsgruppen der Eltern oder Zuwanderungsgeschichte.

Im Mai 2013 wurden die Bildungsstandards der SchülerInnen der vierten Volksschulklasse in Mathematik überprüft. In der untenstehenden Abbildung werden die Kompetenzzuwächse in Mathematik ausgewiesen, je nachdem, ob und wie lange die SchülerInnen eine elementarpädagogische Einrichtung besucht hatten. Entgegen den Erwartungen war der Kompetenzgewinn bei SchülerInnen aus zugewanderten Familien weniger stark als bei nicht zugewanderten Familien. Bei jenen der unteren 40% (gemessen am Berufsprestige der Eltern) fiel er am schwächsten aus. Während SchülerInnen mit einheimischen Eltern nach einem Jahr 15 Punkte und nach mehreren Jahren 39 Punkte vom Kindergartenbesuch profitierten, waren die Werte bei jenen mit zugewanderten Eltern mit 8 und 31 Punkten niedriger. Gerade Kinder, die aus sozioökonomisch schwachen zugewanderten Familien stammten, wiesen nochmals einen geringeren Zuwachs auf – 11 Punkte weniger als bei den Kindern aus der Gesamtgruppe einheimischer Eltern (28 im Vergleich zu 39 Punkten).

Diagramm 4: Leistungsunterschiede nach Kindergartenbesuch

Dargestellt sind die Leistungsunterschiede von VolksschülerInnen der 4. Schulstufe, die den Kindergarten besucht haben, im Vergleich zu jenen ohne Kindergartenbesuch, nach Dauer des Kindergartenbesuchs und sozialer Herkunft.

Im Vergleich zu den Ergebnissen aus der EPP(S)E-Studie stellt sich die Frage, warum in Österreich Kinder aus benachteiligten Familien durch den Kindergartenbesuch nicht stärker profitieren als jene aus besser gestellten Familien. Dies könnte auf unterschiedliche Qualitätsniveaus der betreffenden Kindergärten hinweisen, etwa hinsichtlich des Betreuungsschlüssels, der Aktivitäten, der konkreten Interaktionen zwischen Erwachsenen und Kindern sowie des sprachlichen Verhaltens der pädagogischen Fachkräfte.

Zu prüfen wäre außerdem, ob es deutliche Unterschiede in der pädagogischen Ausrichtung der österreichischen und der englischen Elementarpädagogik gibt. Möglicherweise beinhalten das österreichische Professionsverständnis bzw. die hiesigen (rechtlichen) Rahmenbedingungen *keine* kompensatorische Bildung für Kinder aus bildungsfernen Familien. Im Gegenteil, es besteht die Befürchtung, dass ein gezieltes Vorgehen, das dem Verständnis des Kindergartens als Bildungsinstitution entsprechen würde (wie etwa der Wortschatzaufbau), aus Angst vor einer Verschulung sogar abgelehnt wird.

In diesem Sinne ist großer Diskussionsbedarf hinsichtlich der gesellschaftspolitischen Aufgabe der Elementarpädagogik gegeben. Einer wachsenden Ungleichheit in jener Phase entgegenzusteuern, in der es am wirksamsten ist, wäre im Interesse der gesamten Gesellschaft.

„Islamische" Kindergärten – gibt es die?
Die Ergebnisse der Studie „Pluralität in Wiener Kindergärten"[1]

Fokus des Projekts (Laufzeit: 2016–2017) war die Prozess- und Orientierungsqualität in elementarpädagogischen Einrichtungen in Wien. Die Frage nach der pädagogischen Qualität im Umgang mit verschiedenen Aspekten von Pluralität, wie z.B. Kultur, Sprache und Religion, stand hierbei im Zentrum der Untersuchung. Insbesondere waren sogenannte „islamische" Kindergärten und Kindergruppen in Wien im Fokus des Untersuchungsauftrages. Dieser Untersuchungsauftrag stellte schon zu Beginn an das ForscherInnenteam zwei Herausforderungen:
1. zu bestimmen, was mit dem Begriff „islamische Kindergruppen und Kindergärten" eigentlich genau bezeichnet sein soll,
2. deren Besonderheiten zu identifizieren.

Welche Kindergärten und Kindergruppen sind als „islamisch" zu bezeichnen?

Es wäre einfach, als islamische Kindergärten und Kindergruppen solche Einrichtungen zu definieren, die sich selbst so beschreiben. Da sich aber vor allem seit 2015 kaum noch eine Einrichtung selbst als „islamisch" beschreibt, ist dies kein vielversprechender Weg. Die islamische Glaubensgemeinschaft IGGÖ ist selbst nicht Betreiber

---

1 Wir drucken hier die Kurzzusammenfassung des Abschlussberichts des Teilprojekts „Pluralität in Wiener Kindergärten und Kindergruppen unter besonderer Berücksichtigung von sogenannten islamischen Einrichtungen" ab. (vgl. https://medienportal.univie.ac.at/uploads/media/Kurzzusammenfassung_zum_Teilprojekt.pdf)
Dem Projektteam gehörten an: Auf Seiten der Universität Wien: Univ. Prof. Dr. Henning Schluß; Mag. Christian Andersen; M.Ed. Elif Medeni. Auf Seiten der FH Campus Wien: Mag.ᵃ Nina Hover-Reisner; Mag.a Dr.in Maria Fürstaller, Magdalena Habringer, MA; Dr.in Tina Eckstein-Madry. Der vollständige Bericht ist hier verfügbar: http://preschool.at/wp-content/uploads/2017/12/Abschlussbericht-PLUKI-Wien-Islam-Qualitaet-Final2.pdf

von Kindergärten, somit fällt auch dieser Weg aus. Zwar gibt es einzelne Kriterien, wie Halal-Essen, mehrheitlich muslimisches Personal, Betreiber mit besonderer Nähe zum Islam, viele muslimische Kinder oder eine muslimische Leitung, ein religionspädagogisches Angebot mit Bezug zum Islam oder Arabisch-Unterricht. Jedoch belegt keines davon verlässlich, dass sich die Einrichtung selbst als islamisch versteht bzw. als solche verstanden werden könnte. Wir würden auch nicht von einem buddhistischen Kindergarten sprechen, wenn die Leiterin bekennende Buddhistin ist oder die Mehrzahl von Kindern in einer Kindergruppe aus Vietnam kommt und die Eltern sich dem Buddhismus zurechnen. Da solche Zuschreibungen also nie sicher sind, wurde im Rahmen der Studie ergebnisoffen gearbeitet, mit dem Ziel, über diesen offenen Zugang abseits von gängigen Ettikettierungen zu „islamischen Kindergärten und Kindergruppen" differenzierte Einblicke in die Besonderheiten der Einrichtungen zu gewinnen. Von daher sprechen wir von Kindergärten und Kindergruppen mit besonderen Bezügen zum Islam oder aber von sogenannten „islamischen" Einrichtungen.

Was sind Besonderheiten sogenannter „islamischer" Kindergärten und Kindergruppen?

Damit man die Besonderheiten von Kindergärten und Kindergruppen mit besonderen Bezügen zum Islam überhaupt auffinden kann, ist es notwendig, sie mit anderen Kindergärten und Kindergruppen zu vergleichen, die keine besonderen Bezüge zum Islam haben. Sieht man sich nur Kindergärten und Kindergruppen mit besonderen Bezügen zum Islam an, so kann nicht geklärt werden, ob das, was man sieht, eine Besonderheit dieser Einrichtungen ist, oder ob es möglicherweise ein Zustand ist, der in allen elementarpädagogischen Einrichtungen vorzufinden ist.

Zum Forschungsdesign

Um eine solche Vergleichsuntersuchung leisten zu können, kamen im Rahmen des Teilprojekts mehrere Verfahren zum Einsatz, u.a. um Ergebnisse, die aus den verschiedenen methodischen Zugängen gewonnen wurden, auch wechselseitig absichern oder ergänzen zu können. Im Falle dieses Teilprojekts wurden Fragebogenerhebung, Beobachtungen und Gruppendiskussionen durchgeführt. Überdies erfolgte eine Analyse der Handakten.

Ein Fragebogen wurde an alle Wiener Kindergärten und Kindergruppen (1.445) verschickt und von einer, im Vergleich zu anderen Fragebogenuntersuchungen, sehr hohen Zahl der Einrichtungen (698), also ca. 50%, beantwortet. Durch statistische Verfahren können auf dieser Grundlage Aussagen über die Gesamtheit der Einrichtungen getroffen werden. Über die Fragebogenuntersuchung konnten Strukturmerkmale (wie z.B. Ausbildungshintergründe, Anzahl der Kinder, Informationen zu Sprachverteilung der Kinder, Informationen zu Materialien, z.B. Bücher zum Thema Religion, usw.) der Einrichtungen erfasst werden. Darüberhinaus wurde über die Fragebogenanalyse das Sample für die beiden qualitativen Untersuchungsteile (Beobachtungen und Gruppendiskussionen) erstellt. Auf diese Weise konnten die Vergleichsgruppen von Kindergärten und Kindergruppen ohne besondere Bezüge zum Islam gebildet werden. Eine *Analyse* der bei den Kontrollen der Kindergärten und Kindergruppen angelegten *Handakten* der Aufsichtsbehörde im Magistrat ermöglichte es darüber hinaus, auch solche Einrichtungen gezielt zu untersuchen, die an der freiwilligen Fragebogenerhebung nicht teilgenommen hatten. Auch die daraus gewonnenen Ergebnisse wurden herangezogen, um in ausgewählten Einrichtungen Beobachtungen durchzuführen.

Die *Gruppendiskussionen* mit PädagogInnen und die *Beobachtungen* in den Einrichtungen (beide qualitativ) konnten auf diese Weise im Sinne einer vergleichenden Auseinandersetzung realisiert werden. Über die Gruppendiskussionen erhielten wir Einblicke in die handlungsleitenden Orientierungen der teilnehmenden PädagogInnen (Orientierungsqualität). Die Beobachtungen in den Einrichtungen wiederum ermöglichten Aussagen vor allem zur Prozess- aber auch Aspekten der Strukturqualität. Die Teilnahme an diesen Untersuchungsteilen war freiwillig, Anonymität wurde zugesagt.

Eine Analyse der Gesetzestexte rundete das Forschungsdesign ab. Hier wurde die Entwicklung der normativen Vorgaben untersucht. Die verschiedenen methodischen Zugänge wurden schließlich aufeinander bezogen, um so ein vielperspektivisches Bild zu gewinnen.

Zentrale Ergebnisse

1. Segregation – Parallelgesellschaften?

Eine Frage in der Öffentlichkeit war immer wieder, ob islamische Kindergärten durch ihre Exklusivität zur Bildung von Parallelgesellschaften beitragen. Die Ergebnisse sprechen eine deutliche Sprache. Zwar gibt es Exklusionstendenzen, diese gehen aber weniger von den Einrichtungen mit besonderen Bezügen zum Islam, sondern vor allem von anderen Einrichtungen aus. Kindergärten der MA 10 z.B. nehmen nur dann Kinder außerhalb des verpflichtenden Kindergartenjahres auf, wenn beide Eltern arbeiten. Andere Betreiber erheben, trotz beitragsfreiem Kindergarten, z.T. erhebliche Zusatzbeiträge. Beides trägt dazu bei, dass schwächer gestellte Eltern zu diesen Einrichtungen keinen Zugang finden. So sind auch in den Stadtbezirken Wiens mit einer relativ heterogenen und pluralen Bevölkerungsstruktur nicht selten Kindergärten und Kindergruppen zu finden, die eine relativ homogene Elternschaft aufweisen. Speiseangebote, die nicht auf islamische Speisevorschriften Rücksicht nehmen, führen dazu, dass Eltern, denen dies wichtig ist, ihre Kinder nicht in diesen Einrichtungen anmelden. Eine undurchsichtige Aufnahmepraxis, in der Eltern mit Migrationshintergrund immer wieder die Erfahrung machen, dass ihre Kinder nicht aufgenommen werden, tut ein Übriges. Die elementarpädagogischen Einrichtungen mit besonderen Bezügen zum Islam fungieren damit nicht selten als eine Art Auffangbecken für Kinder, die in anderen Einrichtungen keinen Platz finden. Das müssen übrigens keineswegs nur muslimische Kinder sein, oft aber Kinder mit einem Migrationshintergrund. Denn während die Nichteinhaltung von religiösen Speisevorschriften für Muslime, aber auch für Juden, eine Hürde bei der Wahl eines Kindergartens darstellen kann, gilt das umgekehrt für Christen und Religionslose nicht. Darüber hinaus versprechen diese Einrichtungen oft auch ein Integrationskonzept, das für Eltern mit Migrationshintergrund besonders attraktiv ist.

2. Verfassungsmäßigkeit – Indoktrination

Eine zweite Frage, die in der Öffentlichkeit immer wieder diskutiert wurde, war, ob von Kindergärten und -gruppen mit besonderen Bezügen zum Islam eine Islamisierungsgefahr ausginge. Die Teiluntersuchung belegt auf allen Untersuchungsebenen, dass wir insbesondere seit dem Jahr 2015 in den Wiener elementarpädagogischen Einrichtungen mit besonderen Bezügen zum Islam die Zurücknahme und Herausdrängung der Religion aus diesen Einrichtungen beobachten können. Dies hat eine Ursache in der Diskussion um die Pilotstudie Ednan Aslans, die dazu führte, dass die sogenannten „islamischen" Kindergärten und Kindergruppen von sich aus alle Bezüge zum Islam im Alltag der Einrichtung kappten. Aber auch von der Aufsicht wurde massiv darauf hingewiesen, z.B. die Praxis ihrer religiösen Unterweisung abzuändern oder einzustellen, religiöse Symbole zu entfernen oder auch Bezüge zu Moscheegemeinden abzubrechen. Tatsächlich sind in den Einrichtungen, die vor einigen Jahren noch verschiedene besondere Bezüge zum Islam aufwiesen und diese auch offen kommunizierten, viele dieser Bezüge heute nicht mehr zu finden. Man könnte meinen, dies sei eine gute Botschaft, weil der Einfluss des Islams zurückgedrängt wurde. Faktisch aber ist das aus verschiedenen Gründen problematisch. Zum einen ist zu fragen, inwiefern hier das Verfassungsgut der Religionsfreiheit tangiert wurde, die ein Menschenrecht ist. Zum anderen aber verschwindet Religion nicht deshalb, weil sie aus dem elementarpädagogischen Bereich verschwindet. Sie wandert vielmehr in Bereiche ab, die elementarpädagogischer Professionalität so wenig zugänglich sind, wie der behördlichen Aufsicht. Religion ist ein Bestandteil unserer Gesellschaft und auch der pluralen Stadt Wien. Insofern muss sie bereits im Kindergartenalter auch als Bildungsgegenstand behandelt werden, damit schon kleine Kinder lernen, dass ihre Verschiedenheiten zum Menschsein gehören und wir friedlich mit dieser Pluralität auch im Bereich der Religion zusammenleben können.

3. Ausbildung

Auch dazu bedarf es eines gut qualifizierten Personals. Der Bereich der Religionssensibilität ist aber noch gegenwärtig in der Ausbildung eher unterbelichtet. Darüber hinaus hatte bereits die Pilotstudie Ednan Aslans von 2015 darauf aufmerksam gemacht, dass in vielen sogenannten „islamischen" Kindergärten über bewilligte „Nachsichten" statt der entsprechend den gesetzlichen Vorgaben ausgebildeten PädagogInnen Kräfte eingesetzt waren, die diesen Anforderungen nicht entsprachen und hilfsweise diese für einen befristeten Zeitraum ersetzen durften. Das vorliegende Teilprojekt konnte nun nachweisen, dass dieser Befund kein exklusives Merkmal von Einrichtungen mit besonderen Bezügen zum Islam ist, sondern insgesamt weit verbreitet ist. Qualifiziertes Personal ist überall Mangelware.

Dieser Mangel an gut ausgebildeten PädagogInnen hängt auch mit dem dynamischen Ausbau der Kinderbetreuungslandschaft in Wien zusammen, die in der Umsetzung der Barcelona-Ziele massiv ausgebaut worden ist. Damit gingen allerdings teils erhebliche Personalengpässe einher. Hinzu kommt allerdings, dass der Anreiz für Betreiber, entsprechend den Vorgaben ausgebildetes Personal einzustellen, nicht so hoch ist, weil die Vergütung für die geringer bezahlten, schlecht qualifizierten Nachsicht-Kräfte und die entsprechend den Vorgaben ausgebildeten PädagogInnen gleich hoch ist. Hier muss man also von einem Fehlanreiz ausgehen.

4. Zusammenarbeit mit den Eltern – Erziehungspartnerschaft

Ein Problem, das im Zuge des Teilprojekts immer wieder aufgetaucht ist, war die Zusammenarbeit mit den Eltern. Jenseits der elternverwalteten Kindergruppen ist diese häufig wenig partnerschaftlich, sondern streng hierarchisch organisiert. Dies führt dazu, dass Probleme häufig nicht in der direkten Kommunikation von PädagogInnen und Eltern besprochen werden, sondern von Seiten der Einrichtung per Mitteilung bekannt gemacht und von Seiten der Eltern über die Leitung, die Aufsichtsbehörde oder die Presse kommuniziert werden, die dann einschreiten und die Situation vor Ort klären wollen. Auch dies ist kein Alleinstellungsmerkmal von Einrichtungen mit besonderen Bezügen zum Islam, sondern ein insgesamt zu beobachtendes Problem, das einer wirklichen Erziehungs- und Bildungspartnerschaft von Eltern und Einrichtung nicht entspricht.

5. Gesetzliche Entwicklungen

Die neuen normativen Vorgaben reagieren bereits auf dieses Problem, indem sie das Informationsrecht, aber auch die Informationspflicht der Eltern stärken. Zugleich sind sie damit aber noch immer von einer echten Partnerschaft weit entfernt. Vielmehr ist dies Ausdruck einer Tendenz des Wandels des Auftrages des Kindergartens/

der Kindergruppe. War sie früher eine Einrichtung zur Unterstützung des elterlichen Erziehungsauftrages, hat er sich in den letzen Jahren immer mehr zu einer Einrichtung mit einem eigenen, elternunabhängigen Erziehungs- und Bildungsauftrag ähnlich dem der Schule gewandelt. Dieser staatlich bestimmte Erziehungs- und Bildungsauftrag stimmt aber nicht immer mit den elterlichen Erziehungsvorstellungen für ihre Vorschulkinder überein. Die Entwicklungen der letzten Jahre liefen in diesem möglichen Konfliktfeld immer mehr zugunsten der staatlichen Definition des Erziehungs- und Bildungsauftrages hin. Religion, als ein eher dem Privaten zugerechneter Bereich, fiel aus den Bildungsplänen für die Kindergärten heraus. Darauf reagierte z.B. die katholische Kirche mit einem eigenen religionspädagogischen Bildungsplan für Kindergärten in ihrem Einflussbereich. Erst mit dem heuer veröffentlichten Ethik-Leitfaden[1] liegt nun ein normatives Dokument für Wien vor, das festschreibt, dass der Umgang mit Religionen überhaupt wieder Bildungsgegenstand im Kindergarten bzw. in der Kindergruppe wird.[2]

Interessanter Weise kann man die neuesten Gesetzesentwürfe für Kindergruppen und Kindergärten in Wien so lesen, als würden sie die Orientierung am Elternwillen doch wieder stärken, indem sie nun mit den Vorgaben für einen Businessplan starke Auflagen zur Kundenorientierung machen. Um die Wirtschaftlichkeit des Unternehmens nachzuweisen, muss eine klare Kundenorientierung nachgewiesen werden und wirtschaftliche Alleinstellungsmerkmale herausgearbeitet werden. Das bedeutet de facto aber, dass die Elternwünsche wieder stärker berücksichtigt werden. Wenn Eltern nun die kulturelle und religiöse Beheimatung ihrer Kinder in der Herkunftstradition wünschen, könnte hier ein Angebot genau die „unique selling proposition" nachweisen. Die wirtschaftliche Orientierung der Einrichtungsbetreiber, wie ihre Ausrichtung auf möglicherweise herkunftsbezogene Elternwünsche, die in der Öffentlichkeit oft sehr kritisch diskutiert wurden, könnten nun ein Effekt gerade dieser gesetzlichen Neuregelung sein.

---

2 https://www.wien.gv.at/bildung/kindergarten/pdf/ethik-kiga.pdf

6. Sprache und Sprachförderung

Sprachfähigkeit ist eine zentrale Voraussetzung für Schulerfolg. Von daher ist es nicht verwunderlich, dass Kindergärten und Kindergruppen an ihrem Erfolg im Bereich der Sprachvermittlung gemessen werden. Hier hat das Teilprojekt ebenfalls immer wieder erhebliche Defizite ausmachen können. Diese beziehen sich nicht nur auf das nicht bedarfsgerecht angebotene Sprachförderprogramm der MA 10, sondern auch auf den Sprachgebrauch in den Einrichtungen. Insbesondere Einrichtungen mit einem besonderen Bezug zum Islam bezeichnen sich selbst als integrationsbetonte Einrichtungen. Dazu gehört, dass sie nicht selten betonen, dass in ihren Einrichtungen ausschließlich Deutsch gesprochen wird. Die Sprachforschung zeigt jedoch, dass insbesondere eine gute Beherrschung der Erstsprache die beste Voraussetzung für das sichere Erlernen einer Zweitsprache ist. Wichtig ist deshalb in allen Einrichtungen nicht nur ein elaborierter (also vielfältiger) Sprachgebrauch der deutschen Sprache, sondern auch ein wertschätzender Umgang mit der Erstsprache der Kinder, an dem es immer wieder mangelte.

Einige zentrale Konsequenzen der Studie für die Elementarpädagogik

ElementarpädagogInnen stehen vor großen Herausforderungen: Sie müssen professionell pädagogisch arbeiten, also eine hohe „Orientierungs- und Prozessqualität" erbringen. Dabei sollen sie auf die Vielfalt hinsichtlich Religionen, Kulturen und Sprachen der Kinder und ihrer Eltern Rücksicht nehmen. Es sind also eine hohe „Kultur- und Religionssensibilität" sowie „Verstehens- und Reflexionskompetenzen" nötig. Dies zu leisten ist äußerst komplex. Top ausgebildete und laufend weitergebildete PädagogInnen und LeiterInnen sind eine Bedingung dafür. Aus- und Weiterbildungsformate zu entwickeln ist angesichts der Ergebnisse der Studie unvermeidbar.

Es ist von Interesse für Gesellschaft und Politik, dass alle Kinder gut Deutsch sprechen. Die Sprachstandsfeststellungen und die Sprachförderung wurden in der Untersuchung als suboptimal eingeschätzt. Dies liegt an den damit verbundenen hohen fachlichen Anforderungen. Diesen Anforderungen sind PädagogInnen nur in Ausnahmefällen gewachsen. Demnach braucht es eine gründliche

Qualifizierung von PädagogInnen hinsichtlich des Einsatzes von Sprachstandserhebungs-Instrumenten und des Entwickelns und Durchführens von sprachförderlichen Bildungsangeboten.

Im Umgang mit dem Islam, aber auch mit anderen Religionen und Weltanschauungen, ist Indoktrination selbstverständlich auch weiterhin entschieden zurückzuweisen. Dazu braucht es die Sensibilität, zwischen Indoktrination und professionellem pädagogischem Umgang mit Religion zu unterscheiden. Eine Forderung nach Ausschluss von allem Religiösen ist nicht zuträglich. Ein dringender Schritt für die Elementarpädagogik ist die Erarbeitung eines religionspädagogischen Bildungsplans für den Islam. Damit solche Pläne aber nicht nur leeres Papier bleiben, braucht es gut ausgebildete PädagogInnen und LeiterInnen sowie entsprechende Rahmenbedingungen.

Die Aufgaben der Aufsicht sind sehr komplex: Sie sind Kontrollinstanz sowie Beratungsinstanz. Es ist anzuraten, klare und rechtlich abgesicherte Kriterien für die pädagogisch-didaktische Arbeit in den Einrichtungen zu entwickeln. Das bietet auch der Aufsicht klarere Kriterien für ihre verantwortungsvolle Arbeit. Eine beratende und begleitende Haltung unter wechselseitiger Anerkennung zwischen Aufsicht und PädagogInnen sollte angestrebt werden.

Bernhard Koch

Der Kindergarten als Lernort für Demokratie
Von Selbstbestimmung und Gemeinwohlorientierung

In den Köpfen vieler Erwachsener passen kleine Kinder und „Demokratie" nicht zusammen. „Demokratie" wird in der Regel assoziiert mit erwachsenen, mündigen Bürgerinnen und Bürgern, mit Wahlen zum Nationalrat, Landtag oder Gemeinderat, weniger mit einer Lebensform, die alle gesellschaftlichen Bereiche durchflutet oder mit Teilhabe und Gemeinwohl.

Demokratie im Bereich der Elementarpädagogik betrifft nicht nur die Ebene der Einrichtung, also den Kindergarten als „Lernort für Demokratie", sondern auch die Ebene der Träger sowie die Ebene der staatlichen Stellen. Jede Ebene ist verantwortlich für „Wahlmöglichkeiten" bzw. „Autonomie" und jede Ebene wirkt auf demokratische Mechanismen bei anderen Ebenen (vgl. Moss 2011). Auf Bundesebene beinhaltet dies beispielsweise ein klares Bekenntnis dazu, dass Krippen und Kindergärten ein „öffentliches Gut" (und keine private Angelegenheit) sind, die Etablierung eines bundesweiten Bildungsrahmenplans sowie ein integriertes System in der Verantwortung eines Ministeriums mit einem hoch qualifizierten und gut bezahlten Personal. Auf lokaler oder kommunaler Ebene beinhaltet dies, dass die Kommune Verantwortung für die Kinder übernimmt und sich mit Fragen beschäftigt wie „Was verstehen wir unter Lernen in der Kinderbetreuungseinrichtung?" oder „Was sind unsere zentralen Werte?". Auf der Ebene der Kindergärten schließlich geht es um eine „Pädagogik des Zuhörens", um das Wohl der Kindergartengruppe und um den Einbezug der Eltern (z.B. Familienzentrum oder in Form elternselbstverwalteter Kindergärten).

In diesem Beitrag werden, ausgehend von den Rahmenbedingungen, Herausforderungen für den Kindergarten als „Lernort für Demokratie", als Ort von Selbstbestimmung und Gemeinwohlorientierung diskutiert.

Die Bedeutung des Kindergartens für die Demokratie

Politische Bildung gehört zu den notwendigen Konstitutionsbedingungen demokratischer Gesellschaften. Menschen bedürfen eines Mindestmaßes an Wissen, Verstehen und Urteilsvermögen, wenn eine Demokratie längerfristig stabil bleiben soll. Zur politischen Bildung gehört sowohl die Vermittlung von Wissen als auch das Erlernen und Einüben bestimmter Fähigkeiten. Dazu gehört zum Beispiel, etwas über Mehrheitsentscheidungen zu erfahren, zu lernen, wie Konflikte gewaltfrei gelöst werden können oder dass man die Meinung anderer akzeptieren lernt. Politische Bildung wird zwar fast ausschließlich mit dem Schulsystem in Verbindung gebracht, doch betrifft sie das gesamte Bildungssystem und damit auch Krippen und Kindergärten. Elementarpädagogische Fachkräfte, die in einer Zeit mit hohem Wohlstand, einer scheinbar unumstößlichen Demokratie und Frieden in Europa aufgewachsen sind, sehen die Werte, die unser demokratisches Gesellschaftssystem ausmachen, leicht als Selbstverständlichkeiten an. Doch Selbstverständlichkeiten bergen die Gefahr, dass man Risiken übersieht, dass man übersieht, dass Demokratieerziehung ein wesentlicher Teil des elementaren Bildungsplanes ist.

Demokratie ist ein fragiles Gut. Viele Staaten der Welt sind autoritäre Staaten oder „Scheindemokratien", in manchen Demokratien werden Gewaltenteilung oder Medienfreiheit eingeschränkt. Ein Blick auf die wechselvolle Geschichte der Demokratie in Österreich zeigt eine sehr kurze Phase der Republik nach Ende des 1. Weltkrieges und einen Neubeginn unter Aufsicht der Befreiungsmächte im Jahr 1945. In der Geschichte des Kindergartens gab es Anfang des letzten Jahrhunderts Ansätze zu einer kind-orientierten Erziehung (z.B. Montessori), die allerdings durch Faschismus und Nationalsozialismus unterbrochen wurden: Der Kindergarten wurde auch Erfüllungsgehilfe der nationalsozialistischen Ideologie und sollte zu Autoritätshörigkeit erziehen.

Die rechtlichen und bildungspolitischen Grundlagen für Demokratie im Kindergarten

Gemäß Artikel 12 der UN-Kinderrechtskonvention hat jedes Kind das Recht, in allen Angelegenheiten, die es betreffen, unmittelbar oder durch einen Vertreter gehört zu werden. Die Meinung des Kindes muss angemessen und entsprechend seinem Alter und seiner Reife berücksichtigt werden. Im Bundesverfassungsgesetz über die Rechte von Kindern wird u.a. festgelegt, dass für alle Kinder betreffende Maßnahmen öffentlicher und privater Einrichtungen das Wohl des Kindes eine vorrangige Erwägung sein muss. Für die pädagogische Arbeit im Kindergarten ist im Hinblick auf Demokratiebildung und Partizipation Artikel 4 relevant: *„Jedes Kind hat das Recht auf angemessene Beteiligung und Berücksichtigung seiner Meinung in allen das Kind betreffenden Angelegenheiten, in einer seinem Alter und seiner Entwicklung entsprechenden Weise".*

Auch in der österreichischen Bundesverfassung und deren Interpretation (vgl. Bundesministerium für Inneres 2013) sind Prinzipien und Werte enthalten, die für Demokratie-Lernen im Kindergarten Bedeutung haben: Jeder Mensch verdient von Beginn an Respekt, unabhängig von Geschlecht, Alter, Bildung, Religion, Herkunft oder Aussehen. Die Achtung der Menschenwürde verlangt einen gewaltfreien Umgang miteinander, insbesondere in der Familie. Selbstbestimmung bedingt Verantwortung für sich selbst (z.B. sich um die Gesundheit kümmern) und Verantwortung für andere zu übernehmen (z.B. die Freiheit der anderen achten oder sich zurücknehmen, um anderen ihren Freiraum zu lassen). Regeln, die das Ziel des Gemeinwohls verfolgen, sind zum Vorteil aller, auch wenn dies vielleicht manches Mal auf den ersten Blick als belastend erlebt wird.

Im Bildungsplan für elementare Bildungseinrichtungen in Österreich (Charlotte Bühler Institut 2009) wird „Partizipationsfähigkeit" als eine wichtige Voraussetzung für das Leben in einer demokratischen Gesellschaft genannt. Partizipation heißt, dass *„Kinder an Entscheidungen, die ihr eigenes Leben und das Leben in der Gemeinschaft betreffen, beteiligt sind und zu einer kritischen Haltung befähigt werden".* Durch das Erproben verschiedener Formen der Mitbestimmung können Kinder *„entwicklungsangemessene Verantwortung für die Gestaltung ihrer Lebensräume übernehmen. Sie lernen, sich eine persönliche Meinung zu bilden, die der anderen zu akzeptieren sowie für die eigenen Rechte und die Rechte der anderen einzustehen."*

Lernen von den nordischen Staaten? – Der Führungsstil der Kindergartenleitung

Insbesondere in den nordischen europäischen Ländern wird ‚Demokratie' als zentraler Wert in elementaren Bildungseinrichtungen gesehen. So ist im schwedischen Curriculum pointiert festgehalten: „Democracy forms the foundation of the preschool" (Swedish Ministry of Education and Science 1998). Forschungen zeigen, dass die Arbeit des vorwiegend weiblichen Personals auf Werten der „Sorge" basiert und das Personal ein „bestätigendes", sorgendes und pflegendes Ethos entwickelt hat (vgl. Einarsdottir et al. 2014: 3). Zentrale Werte und Ziele wären demnach, dass Kinder sich um einander kümmern, dass sie trösten und mitfühlen, wobei im letzten Jahrzehnt „Bildung" einen zunehmend höheren Stellenwert erlangt hätte.

Die Kindergartenleitung hat eine Reihe von Funktionen und Aufgaben (vgl. Koch 2014). Eine demokratische Kindergartenleitung zeichnet sich dadurch aus, dass das Personal bei Entscheidungen miteinbezogen wird. Die partizipatorische Interpretation von Leitung wird mit Gender in Verbindung gebracht (Børhaug 2013): Der Kindergarten würde durch die Dominanz des weiblichen Personals Analogien zum „mütterlichen Heim" aufweisen. Kindergartenleitungen würden in ihrer Leitungstätigkeit Präferenzen für Harmonie, Konfliktvermeidung und eine Betonung der Beziehungen zeigen. Allerdings konnten bei der Frage, wovon eine Beteiligung des Personals bei Entscheidungen der Leitungskräfte abhängt, im Rahmen einer empirischen Untersuchung (Børhaug 2013) weder Zusammenhänge mit dem Geschlecht der Leitung noch mit der Dauer der Berufstätigkeit gefunden werden. Der wichtigste Zusammenhang war die Einrichtungsgröße: In großen Zentren scheint es schwieriger, das Personal einzubeziehen. Falls dies generell zuträfe, hätte dies Auswirkungen auch auf die Partizipationsgestaltung in österreichischen Kindergärten, da auch hierzulande ein Trend zu größeren Kindergärten mit mehr als vier Gruppen feststellbar ist (Statistik Austria 2012, 2017).

Überlegungen zu „Partizipation"

Erwachsene tragen Verantwortung für die Kinder und auch ein Kindergarten kann die Abhängigkeit der Kinder von Erwachsenen nicht eliminieren. Der Kindergarten kann nicht nach dem Vorbild der Erwachsenengesellschaft organisiert sein, er ist eine hierarchische Institution, aber eben auch ein Lernort für Demokratie. Er kann Räume herstellen, in denen Kindern die Möglichkeit eröffnet wird, einen anderen Zugang zu Regeln zu finden als über Belehrung oder Bestrafung.

Das Denken von Krippen- und Kindergartenkindern ist allerdings eher noch vom Egozentrismus geprägt (vgl. Copple & Bredekamp 2009: 135). Sie tendieren dazu, nur ihren eigenen Standpunkt in Erwägung zu ziehen und haben Schwierigkeiten zu verstehen, wie die Welt für andere Menschen aussieht. Sie nehmen an, dass andere Menschen Dinge in der gleichen Weise wie sie sehen und erfahren. Z.B. teilt ein Kind seine Kekse mit der Pädagogin, wenn es sieht, dass sie traurig ist, im Glauben, dass sie mit dem Gleichen getröstet werden kann, wie es selbst. Erst im Laufe der Kindergartenjahre entwickeln Kinder langsam ein Bewusstsein von anderen Perspektiven. Kleine Kinder müssen erst lernen, dass es andere Interessen gibt, andere Meinungen und andere Perspektiven. Insofern hat im Kindergartenalltag auch „Gehorsam" oder das „Befolgen von Anweisungen und Aufforderungen" Bedeutung, auch wenn diese Begriffe und Konzepte durch autoritäre Erziehungsvorstellungen vergangener Jahrzehnte in Misskredit geraten sind.

Herausragende Möglichkeiten für Partizipation sind der „Morgenkreis" in der Stammgruppe oder die Kinderkonferenz. Im „Morgenkreis" etwa könnten Kinder ohne Unterbrechungen von anderen ihre Meinungen (z.B. zu Regeln oder Vorhaben der Gruppe) äußern, wobei jeder Äußerung gleich hoher Wert beigemessen wird (herrschaftsfreie Diskussion).

Partizipation im Kindergarten beginnt „in den Köpfen der Erwachsenen" (Hansen et al. 2011). Nötig wären einerseits methodische Kompetenzen des Personals und andererseits eine strukturelle Verankerung von Partizipationsrechten (etwa in der Konzeption oder einer „Verfassung"). Damit hätten Kinder das Recht, sich unabhängig von den „Launen der Erwachsenen" in ihre eigenen Angelegenheiten einzumischen. Es kann unterschieden werden zwischen Angelegenheiten, bei denen die Kinder selbst entscheiden dürfen (zum Beispiel was sie wo und mit wem machen oder wie sie sich im Innen- und Außenbereich der Kita kleiden), bei denen die Kinder in bestimmten Grenzen mitentscheiden dürfen (zum Beispiel die Gestaltung des Tagesablaufs oder die Regeln des Zusammenlebens) und über welche die Kinder nicht mitentscheiden dürfen (zum Beispiel über Maßnahmen zur Gesundheitsfürsorge oder über die Tischkultur). Die Studien zeigen, dass durch die Einführung der Kita-Verfassung Demokratiebildungs-Prozesse angestoßen wurden (Richter et al. 2017, Danner 2012, Hansen et al. 2011). Das folgende Beispiel illustriert die Herausforderung, mit der eine Fachkraft, die Kinder mitbestimmen lassen will, konfrontiert ist (entnommen aus Richter et al. 2017: 116f):

„Einer Erzieherin ist kalt, sie kennt das, denn sie friert häufig. Sie sieht ein Mädchen im Garten, das nur mit einem T-Shirt bekleidet rausgegangen ist. Daraufhin geht sie dreimal zu dem Mädchen und fragt nach, ob es ihm gut gehe und ob sie einmal seine Temperatur fühlen könne. Das Mädchen akzeptiert und lässt sie gewähren. Als die Erzieherin aber ein viertes Mal kommt und wieder fragt, ob es ihm wirklich gut gehe oder ob ihm kalt sei und ob sie mal fühlen solle, dreht sich das Mädchen um und sagt: ‚Ist dir kalt? Dann zieh dir eine Jacke an. Es geht mir gut!' Die Erzieherin nimmt diesen Hinweis an und denkt nach eigener Aussage „Wow! Ich geh dann mal"'.

Grenzen der Partizipation bestehen in Bereichen, in denen die Fürsorge- und Aufsichtspflicht der Fachkräfte überwiegt, pädagogische Interessen dominieren (z.B. das tägliche Treffen in der Stammgruppe oder der tägliche Abschlusskreis) und wo Werte, Tugenden oder Traditionen vermittelt werden (z.B. Tischkultur, Höflichkeit) (vgl. Richter et al. 2017: 102).

Politische Bildung des elementarpädagogischen Personals

Nach Endes des Zweiten Weltkrieges und nach Jahren der Diktatur und der Kämpfe zwischen Ideologien wurde in Österreich die Notwendigkeit gesehen, die in der Gesellschaft vorhandenen zentrifugalen Tendenzen durch die Akzeptanz eines allgemein als verbindlich anerkannten Wertekodex auszugleichen und zu bändigen – politische Bildung wurde implementiert (vgl. Dachs 2008: 26). Politische Bildung soll u.a. dazu befähigen, Machtverhältnisse zu erkennen und die dahinterstehenden Interessen und Wertvorstellungen zu prüfen, Mitbestimmungsmöglichkeiten aufzuzeigen, das Interesse an der Gemeinschaft zu fördern und die Anliegen anderer und die Belange des Gemeinwohls zu vertreten sowie den verantwortungsvollen und ressourcenschonenden Umgang mit Natur und Umwelt zu lernen (vgl. Bundesministerium für Bildung und Frauen 2015). Basiskonzepte für Politische Bildung müssten Bestandteil jeder Ausbildung von Personen sein, die im Kindergarten arbeiten. Diese betreffen Fragen wie:

- Wer kann mit welcher Berechtigung Macht ausüben?
- Wie entstehen Regeln und was ist „fair"?
- Was ist gut für das Gemeinwesen und nach welchen Maßstäben kann dies beurteilt werden?

Nach dem Lehrplan für Bildungsanstalten für Elementarpädagogik[1] für den Pflichtgegenstand „Geschichte und Sozialkunde, politische Bildung" sollen Schüler und Schülerinnen z.B. politische Grundbegriffe erklären, demokratiepolitische Prozesse erkennen und vergleichen, die gegenseitigen Abhängigkeiten innerhalb einer Gesellschaft analysieren, die Entwicklung der Weltreligionen zusammenfassen sowie neue politische und gesellschaftliche Ideen bewerten können. Doch es könnte sein, dass politische Bildung und dessen Transfer bzw. dessen Aufbereitung für Kindergartenkinder nicht in ausreichendem Maße stattfindet (vgl. Koch 2017a). Selbst für Schulen gibt es Hinweise darauf, dass politische Bildung eher von den persönlichen Interessen einzelner Lehrpersonen als von systematischen Umsetzungen gekennzeichnet ist (vgl. Larcher & Zandonella 2014). Dazu kommt, dass ein großer Teil des Personals, die Assistenzkräfte, Politische Bildung in der Regel nur im Rahmen der Pflichtschule genossen hat.

Demokratiepolitische Funktionen des Kindergartens

Der Kindergarten erfüllt eine Reihe von Funktionen für die Gesellschaft: arbeitsmarktpolitisch, gleichstellungspolitisch, sozialpolitisch, bevölkerungspolitisch, bildungspolitisch und demokratiepolitisch. Die Herausforderungen für eine funktionierende Demokratie liegen zum Beispiel in ausgeprägten sozialen und kulturellen Ungleichheiten, Einschränkungen der Meinungsfreiheit oder der

---

1 Bundesgesetzblatt II Nr. 204/2016

zunehmenden Bedeutung von religiös-konservativen Strömungen, die der Religion Vorrang vor demokratischen, staatlichen Strukturen einräumen.

Obwohl das Problem der ausgeprägten sozialen Ungleichheiten vorrangig im wirtschaftspolitischen Feld entschieden wird, kann der Kindergarten eine Kompensationsfunktion für Kinder aus sozioökonomisch schwachen Familien ausüben, und obwohl Migration von der Migrationspolitik entschieden wird, kann er als Integrationsinstanz wirken und bei Kindern und deren Eltern das „interethnische Sozialkapital" befördern. Der Kindergarten kann im Rahmen der Bildungs- und Demokratiepolitik zu einem wichtigen Ort für das Lernen der Staatssprache Deutsch, für das Aushandeln und Einhalten von Regeln, für Mitbestimmung und Selbstbestimmung, für die Ausbildung einer Gemeinwohlorientierung und für das Lernen von Toleranz (z.B. gegenüber verschiedenen Religionen) werden. „Toleranz", ein in der Elementarpädagogik häufig gebrauchter und hoch geschätzter Begriff, bedarf allerdings nach Schmidt-Salomon (2016) als Gegengewicht auch die „Intoleranz". Es gehe dabei um eine offene Diskussion darüber, was nicht mehr toleriert werden sollte. Weitgehend unbestritten ist, dass uneingeschränkte Toleranz, „mit Notwendigkeit zum Verschwinden der Toleranz" führt (Karl Popper; zit. nach Schmidt-Salomon 2016: 76). Zuviel Toleranz kann auch als Ignoranz gesehen werden. Werden in einem Kindergarten etwa die Vermittlung religiöser Texte gegenüber anderen Bildungsinhalten in den Vordergrund gerückt, sind Kinder in ihrer weiteren Bildungslaufbahn (und hier insbesondere Kinder aus ärmeren oder weniger anregungsreichen Familien) nachteilig betroffen.

Um „Demokratie von Anfang an" zu stärken, müsste ein demokratischer Staat folgende Ideen berücksichtigen (vgl. Koch 2017a):
- Stärkung der Aus- und Fortbildung des Fachpersonals insbesondere hinsichtlich „Politische Bildung für Fachkräfte", „Partizipation im Kindergarten" und „Diversitätskompetenz"
- Investitionen in „Brennpunktkindergärten"
- Ausbau elementarpädagogischer Forschung
- Stärkung einer Autonomie der Einrichtungen bei gleichzeitiger Rechenschaftspflicht

Im Folgenden werden drei Herausforderungen für den Kindergarten als „Lernort für Demokratie" näher beschrieben.

Herausforderung 1: Der Kindergarten als Integrationsinstanz

In einer pluralistischen Gesellschaft wie in Österreich erleben Kinder in Krippe und Kindergarten Wertesysteme und Handlungsnormen, die sich von denen in ihrer Herkunftsfamilie unterscheiden.

Dem elementarpädagogischen Personal kommt die Aufgabe zu, kulturelle und religiöse Diversität wahrzunehmen und im Kindergarten zu repräsentieren. Das bedeutet u.a. die Aufnahme von Materialien unterschiedlicher Kulturen und Religionen (z.B. Kreuz, Kaaba, Pagode), die Pflege unterschiedlicher Kulturen der Welt sowie ein hinsichtlich Herkunft diverses Personal. Diversitätskompetenz (vgl. Koch 2017b) bedeutet u.a. Kinder und Eltern unterschiedlicher Kulturen zu verstehen, mit ihnen effektiv zu interagieren, sich der eigenen Weltsicht bewusst zu sein und eine positive Einstellung und ausreichend Wissen zu kulturellen Unterschieden zu haben.

Herausforderung 2: Umgang mit Säkularität

Säkularität bedeutet die Trennung von Staat und Religion, wobei dem Staat die Aufgabe zukommt, Religionsfreiheit sicherzustellen. In Österreich besuchen etwa 10% der Kinder Kindergärten in christlicher Trägerschaft (Koch 2017a: 38), einige Tausend Kinder Kindergärten in der Trägerschaft muslimischer Organisationen (Aslan 2016). Christentum und Islam haben – was Säkularität anbelangt – völlig unterschiedliche historische Erfahrungen gemacht: Während sich in Österreich und Europa das Christentum im Zuge der Aufklärung mit der Dominanz des Staates abfinden musste, ist dies in islamisch geprägten Ländern selten der Fall. Manche der in Wien befindlichen „Islamkindergärten" könnten hinsichtlich des demokratiepolitisch motivierten Ziels der „Integration" problematisch sein, da die Erfolgsfaktoren für gelingende Integration wie Kontaktmöglichkeiten mit einheimischen Kindern und mit der Umgangssprache Deutsch oder dem Kennenlernen der Kultur des neuen Heimatlandes gering ausgeprägt sind. Kindergärten in konfessioneller Trägerschaft können allerdings dann ein Lernort für Demokratie sein, wenn sie integrativ wirken, wenn Religionen als gleichwertig vermittelt werden, wenn nicht-religiöse Bildungsinhalte Vorrang haben und wenn „Partizipation" ein hoher Stellenwert eingeräumt wird.

Herausforderung 3: Egozentrismus versus Gemeinschaft

„Wählen können" wird als ein zentrales Charakteristikum der Bildungspläne und der Pädagogik sowohl in US-amerikanischen Vorschuleinrichtungen (Tobin & Hayashi 2011) als auch in europäischen Kindergärten gesehen. Kinder werden häufig gefragt: „Was willst du tun?" (gefolgt von einer Reihe von Vorschlägen), während etwa in asiatischen oder afrikanischen Kulturen mehr die Gemeinschaft im Vordergrund steht. Kinder empfinden sich dort zuallererst als Teil der Gemeinschaft. Keller (2014) sieht in der westlichen Kultur eine zunehmende Bedeutung der „Ich-Bezogenheit" in der Erziehung: Späte Elternschaft und wenige Kinder erlauben eine Konzentration auf das einzelne Kind, was sich auch in den Qualitätsvorstellungen elementarpädagogischer Einrichtungen ausdrücke: Kinder, die gewohnt sind, ständig im Mittelpunkt zu stehen, brauchen die Aufmerksamkeit und Zuwendung anderer und fordern diese ein. Es bestehe die Gefahr, die Balance zu verlieren und soziale Werte sowie Sinn für Gemeinschaft und Gemeinwohl zu vernachlässigen und Kinder zu Egoisten zu erziehen. Studien zeigen, dass in vielen europäischen Ländern Vereinsamung sowie Bindungs- und Orientierungslosigkeit zunehmen und das „Sozialkapital" (Beziehungen zwischen einzelnen Menschen und Gruppen) abnimmt.

Für die pädagogischen Fachkräfte bedeutet dies, das Wir-Gefühl und die Selbstwahrnehmung der Kinder als Teil der Gruppe, des Kindergartens und des Sozialraumes zu stärken. Dazu gehört, die Interessen der Gruppe wahrzunehmen und die Bereitschaft, sich für das Gemeinwesen zu engagieren. Die in der Partizipationsdebatte in den Vordergrund gerückten Selbstbestimmungsrechte der Kinder können aus einer kulturvergleichenden Perspektive wegen der potentiellen Vernachlässigung der Dimension „soziale Verantwortung" durchaus kritisiert werden. „Partizipation" als das Recht von Kindern, „in sie betreffende Angelegenheiten selbst- oder mitzuentscheiden" bzw. „Entscheidungen, die das eigene Leben und das Leben der Gemeinschaft betreffen, zu teilen und gemeinsam Lösungen für Probleme zu finden" (vgl. Richter et al. 2017: 17), vernachlässigt möglicherweise den Aspekt, zum Wohle des Gemeinwesens gegebenenfalls persönliche Interessen und Bedürfnisse hintanzustellen. Dazu kommt, dass Kinder mit übermäßig vielen Fragen nach ihren Wünschen auch überfordert werden können.

Partizipation und Gemeinwohlorientierung – ein Beispiel

„Demokratie lernen" heißt im Kindergarten beispielsweise, dass jedes Kind eine Stimme hat, dass es die Erfahrung macht, einmal eine Minderheitsmeinung und ein anderes Mal eine Mehrheitsmeinung zu haben, und dass dies mit den Kindern in vielfältiger Weise und unterschiedlichen Settings besprochen wird. Demokratie – auch im Kindergarten – beinhaltet Kompromisse und Aushandlungen. Ein Kind lernt, dass es nicht immer das bekommt, was es will, aber dass Regelungen und demokratische Prozesse dazu führen, dass es gehört wird und dass Lösungen und Entscheidungen überarbeitet und geändert werden können. Folgendes Beispiel zeigt, wie Kinder dazu beitragen können, ein Gruppenproblem zu lösen (vgl. Epstein 2007: 84):

In einem Kindergarten genießen es die Kinder, Wasser vom Waschbecken in verschiedene Bereiche des Raumes zu tragen wie z.B. dem Küchenbereich, in dem sie Spaghetti-kochen spielen. Die Erwachsenen unterstützen diese Idee, sind aber etwas betroffen vom vielen Wasser, das immer wieder auf den Boden geschüttet wird. Da praktisch jede/r von dieser Situation betroffen ist, entscheiden die BetreuerInnen, es zum Thema für das Kreisgespräch zu machen und fragen die Kinder nach Ideen, wie man das Problem lösen könnte:

Kind 1: „Mach eine Regel, dass niemand Wasser durch den Raum tragen darf"
Kind 2 und 3: „Wir wollen kochen, wie bei uns zu Hause"
Erzieherin: „Was ist, wenn jemand Becher fürs Kochen füllen will?"
Kind 4: „Schalte das Wasser aus. Meine Mutter hat es getan, als wir eine Überschwemmung in der Küche hatten."
Kind 5: „Wir können ein Handtuch in den Küchenbereich geben. Wenn jemand was verschüttet, muss er zurückgehen und es aufwischen."
Kind 6 „Wir können ein Handtuch in jeden Bereich legen. Dann können wir das Wasser tragen, solange wir es wieder aufwischen."
Kind 5: „Wir können zwei Handtücher hingeben, damit Kinder zusammen aufwischen können.
Erzieherin: (Nachdem sie die Ideen zusammenfasste) *„Welche Idee sollten wir ausprobieren?"*

Die Idee von Kind 1 wird niedergestimmt; alle anderen Kinder wollen Handtücher verwenden.

In diesem Beispiel moderierte die Fachkraft ein Kinder-Gespräch (Artikulation der Meinungen) und schrieb die Vorschläge der Kinder auf (Festhalten der Ergebnisse). Danach wurde durch Wählen entschieden, welche Idee angenommen wird (Mehrheitsentscheidung). Kinder beteiligten sich so an der Lösung eines Gruppenproblems (Gemeinwohlorientierung). Einige erfuhren die Befriedigung zu sehen, dass ihre Ideen angenommen wurden, eines musste – eventuell mit Unterstützung der Erzieherin – mit der Situation umgehen lernen, in der Minderheitsposition gewesen zu sein[2].

Fazit

In den letzten Jahren hat sich der Kindergarten zu einer umfassenden Betreuungs- und Bildungsinstitution entwickelt: Fast alle vier- bis fünfjährigen Kinder besuchen einen Kindergarten, die Betreuungsquote der Dreijährigen ist auf mittlerweile 86 Prozent gestiegen (Statistik Austria 2017). In Zusammenhang mit einer Ausweitung der Betreuungszeiten auf ganztags und ganzjährig wurde der Kindergarten zu einem bedeutenden (potentiellen) „Lernort für Demokratie". Empirische Forschungen zur „Kinderstube der Demokratie", praktische Initiativen und Projekte zur entsprechenden Aus- und Fortbildung des Personals sind in Österreich allerdings noch wenig zu finden. Im medialen Diskurs scheint eine Wertediskussion für Kindergärten eher von Ideologien geprägt als von rationalen Argumenten auf Basis der Konzepte der „Politischen Bildung". Vorherrschende Erziehungskonzepte der „Selbstoptimierung" oder „Individualisierung" könnten in Bezug auf die demokratische und gesellschaftliche Entwicklung als im Widerstreit zu einer Erziehung zur „Gemeinwohlorientierung" (im Kindergarten, Familie, im Sozialraumes, in der Gemeinde, im Staat) gesehen werden. Die Bewältigung globaler Probleme, wie etwa Klimaerwärmung oder Ressourcenverbrauch, erfordern diese Werte allerdings in hohem Maße.

Ein Kindergarten als „Lernort für Demokratie" ist charakterisiert durch Selbstbestimmung, Mitbestimmung und Gemeinwohlo-

---

2 „Wasser tragen" wurde danach für eine Weile sehr populär (und wahrscheinlich auch beabsichtigtes Verschütten), denn Kinder genossen das Aufwischen und erfanden dazu verschiedene Methoden. Auch das Kind, dessen Idee nicht angenommen wurde, hatte viel Freude daran.

rientierung. Kinder lernen, ihre eigenen Wünsche zu artikulieren, die Wünsche und Meinungen anderer wahrzunehmen, sich als Teil der Gruppe zu empfinden und ihre persönlichen Interessen und Fähigkeiten dem Gemeinwohl zur Verfügung zu stellen. Die Kindergärten können – manchmal auf Basis und manchmal im Widerstreit zur christlichen Tradition – auf eine reichhaltige Tradition an demokratischen Werten zurückblicken, wie „sich um andere kümmern", „andere zu Wort kommen lassen", oder „Gemeinschaftsgefühl entwickeln". Sei es durch den Morgenkreis, durch Kreis- und Liedspiele (Fröbel), durch Projektarbeit (Reggio-Pädagogik) oder Freispiel. Kindergärten spielen eine wichtige Rolle, wenn es darum geht, schon die Jüngsten spielerisch an das Thema „gesellschaftliches Engagement" heranzuführen. Eine konzeptionelle Verankerung von Partizipationsrechten macht Kinder unabhängig von den „Launen der Erwachsenen". Diese sind – auf Basis ihres Bewusstseins ihrer Verantwortung gegenüber den Kindern – aufgefordert, Macht bzw. Autorität entsprechend dem Entwicklungsstand der Kinder abzugeben, zuzuhören und Kinder ernst zu nehmen.

Erziehung im Kindergarten ist auch politische Erziehung, unabhängig davon, inwiefern Fachkräften dies bewusst ist.

Literatur

Aslan Ednan (2016). Projektbericht. Evaluierung ausgewählter Islamischer Kindergärten und -gruppen in Wien. Tendenzen und Empfehlungen. Wien.

Børhaug Kjetil (2013). Democratic Early Childhood Education and Care Management? The Norwegian Case. In: Eeva Hujala, Manjula Waniganayake & Jillian Rodd (Eds). Researching Leadership in Early Childhood Education. Tampere: Tampere University Press 2013, 145–162.

Bundesministerium für Bildung und Frauen (2015). Grundsatzerlass 2015. Unterrichtsprinzip Politische Bildung. https://www.bmb.gv.at/ministerium/rs/2015/12.pdf?5s8yuc [22.12.2017]

Bundesministerium für Inneres, Staatssekretariat für Integration (2013). Zusammenleben in Österreich.

Charlotte Bühler Institut (2009). Der Bundesländerübergreifende Bildungs-RahmenPlan für elementare Bildungseinrichtungen in Österreich. Wien.

Copple Carol & Bredecamp Sue (2013). (Hrsg.). Developmentally Appropriate Practice in Early Childhood Programs. Serving Children from Birth trough Age 8. Third Edition. National Association for the Education of Young Childen (NAEYC). Washington, DC.

Danner Stefan (2012). Partizipation von Kindern in Kindergärten: Hintergründe, Möglichkeiten und Wirkungen. Aus Politik und Zeitgeschichte (APuZ 22–24/2012). Entnommen aus: Bundeszentrale für politische Bildung. http://www.bpb.de/apuz/136767/partizipation-von-kindern-in-kindergaerten?p=all [12.12.2017]

Einarsdottir Johanna, Purola Anna-Maija, Johansson Eva Marianne, Broström Stig & Emilson Anette (2014): Democracy, caring and competence: values perspectives in ECEC curricula in the Nordic countries. International Journal of Early Years Education. Vol. 23, Iss. 1,2015.

Eppstein Ann S. (2014). The Intentional Teacher. Choosing the best strategies for Young childrens learning. National Association for the education of young children. Washington, DC.

Hansen Rüdiger, Knauer Raingard, Sturzenhecker Benedikt (2011). Partizipation in Kindertageseinrichtungen. Verlag das Netz; Weimar-Berlin.

Keller Heidi (2014). Me, myself and I. Wie wir unsere Kinder zu Egoisten erziehen. In: Die Zeit Nr. 48/2014.

Koch Bernhard (2014) (Hrsg.). Handbuch Kindergartenleitung – Das ABC für Führungskräfte in der Elementarpädagogik. Verlag KiTa aktuell, Wolters Kluwer Deutschland

Koch Bernhard (2017a). Kindergarten und Demokratie in einer Zeit der Unsicherheit. Aspekte elementarer und politischer Bildung. Lit Verlag. Münster.

Koch Bernhard (2017b). Diversitätskompetenz im Kindergarten – Eine internationale Perspektive. In: Textor Martin (Hrsg.). Das Kita Handbuch. http://www.kindergartenpaedagogik.de/1343.html [11.12.2017]

Larcher Elke & Zandonella Martina (2014). Politische Bildung in Volksschulen und Schulen der Sekundarstufe 1 in Wien. Studie im Auftrag der Arbeiterkammer Wien.

Moss Peter (2011). Democracy as First Practice in Early Childhood Education and Care. In: Enzyclopedia on Early Childhood Development. http://www.child-encyclopedia.com/child-care-early-childhood-education-and-care/according-experts/democracy-first-practice-early [3.3.2017].

Richter Elisabeth, Lehmann Teresa, Sturzenhecker Benedikt (2017). So machen Kitas Demokratiebildung: Empirische Erkenntnisse zur Umsetzung des Konzepts „Die Kinderstube der Demokratie". Beltz Juventa.

Schmidt-Salomon Michael (2016). Die Grenzen der Toleranz. Warum wir die offene Gesellschaft verteidigen müssen. Piper.

Statistik Austria (2012) Kindertagesheimstatistik 2011/12. Wien.

Statistik Austria (2017). Kindertagesheimstatistik 2016/17. Wien.

Swedish Ministry of Education and Science, Sweden (1998). Curriculum for pre-school. Stockholm, Sweden: Regeringskansliet; 1998.

Tobin Joseph, Hayashi Akiko (2011). The Preschool in Three Cultures Studies. http://www.childresearch.net/projects/ecec/2011/05.html [11.12.2017]

Julia Seyss-Inquart

Verantwortung verschieben und Kontrolle etablieren – zur Veränderung des politischen Sprechens über frühpädagogische Institutionen

Wer kennt sie nicht, die politischen Rufe nach einer Verbesserung pädagogischer Institutionen und nach mehr Qualitätskontrolle? Und was kann eigentlich dagegen gesagt werden? Niemand kann ernsthaft etwas gegen qualitätsvolle pädagogische Arbeit in Bildungsinstitutionen haben – die Frage ist, wer ist für diese verantwortlich? Sind es die PädagogInnen, sind es staatliche Institutionen, ist es die Politik?

Die Art und Weise, wer verantwortlich gemacht wird für die Arbeit in pädagogischen Institutionen, hat sich mit dem Siegeszug des Neoliberalismus verändert – so die dem Beitrag zugrunde liegende These. Vor diesem Hintergrund wird auf den nächsten Seiten der Frage nachgegangen, in welcher Art und Weise sich die Konstruktion von Verantwortung im politischen Sprechen über Bildungsinstitutionen verändert hat – oder anders gesagt: Wo liegt die Verantwortung wofür? Exemplarisch werden diese Tendenzen am Beispiel des politischen Sprechens über frühpädagogische Institutionen beschrieben. Das Material, auf das dabei zurückgegriffen wird, stammt aus dem Forschungsprojekt *Bildung versprechen*, in dem das politische Sprechen über Institutionen der frühen Kindheit zwischen 1960 und 2010 anhand der Debatten im Wiener Landtag und Gemeinderat diskursanalytisch untersucht wurde.[1] Wird das politische Sprechen in den Blick genommen, so fallen zwei Tendenzen besonders auf: Die zunehmende Verantwortlichkeit der Subjekte und die Etablierung neuer Kontrollmechanismen. Beide Tendenzen gehen Hand in Hand mit einer veränderten Konstruktion von Verantwortlichkeit im Sprechen über staatliche Bildungsinstitutionen, die sich insbesondere in den veränderten Anrufungen der involvierten Personen (Kinder, Eltern, PädagogInnen) zeigt. Beide Tendenzen

---

1 Für die gesamte Studie siehe Seyss-Inquart, Julia (2016).

sind auch Ausdruck der neoliberalen Umgestaltung der Gesellschaft und insbesondere von staatlichen Institutionen, wie sie etwa Richard Sennett (2005) oder Luc Boltanski und Ève Chiapello (2006) beschrieben haben. Im Folgenden wird nun die Verschiebung der Verantwortung hin zu den involvierten Personen dargestellt, gefolgt von der Analyse der Veränderung von Kontrolle. Abschließend werden die Ergebnisse in Hinblick auf die Frage nach der Verantwortung diskutiert.

1. Die Verantwortung der Familie und der involvierten Personen

Während im politischen Sprechen die Frage der Verantwortlichkeit lange als institutionelle Verantwortlichkeit diskutiert wurde – Familie versus pädagogische Institutionen –, vollzieht sich ab Mitte der 1990er Jahre ein Wandel. Die Expansion von Bildung setzt ein, und mit ihr kommen neue Subjektpositionen auf und verschieben die Verantwortlichkeit hin zu den Kindern, Eltern und PädagogInnen. Verantwortlichkeit wird damit zur Verantwortlichkeit der involvierten Personen. Im Folgenden wird diese diskursive Bewegung dargestellt, die, ausgehend von der Konstruktion der Konkurrenz zwischen Familie und Bildungsinstitutionen, die Verschiebung der Verantwortung zu den Subjekten (oder Personen) zeigt.

‚Öffentliche' Institutionen versus Familie

Grundlegend für die Verschiebung der Verantwortlichkeit hin zu den involvierten Personen ist die Konstruktion einer Konkurrenzsituation im politischen Sprechen: Frühpädagogische Institutionen werden als öffentliche Institutionen der Privatheit der Familie gegenübergestellt und über weite Strecken als konkurrierend konstruiert. Der Zusammenhang staatlicher frühpädagogischer Institutionen und der Institution Familie wird dabei als Bezugspunkt gesetzt und zugleich die Konkurrenz zwischen Familie und Betreuungsinstitutionen kreiert. Diese Art der Aushandlung ist für die Debatten derart selbstverständlich, dass es kaum auffällt, wie sehr Familie und frühpädagogische Institutionen gegeneinander in Stellung gebracht werden – und gerade die Selbstverständlichkeit, mit der dies geschieht, weist auf die Ordnung des politischen Sprechens hin, die sich zwischen ‚öffentlichen' Institutionen und ‚Privatheit' der Familie aufspannt. Die Ordnung zeigt sich im Material während des gesamten Untersuchungszeitraumes in der formelhaften Wiederholung der Aussage ‚zuständig für Erziehung sind eigentlich die Eltern', wie sie sich etwa im folgenden Materialausschnitt zeigt: „Wir haben daher nicht darüber zu diskutieren, ob wir den Eltern die Erziehung zurückgeben sollen, wir haben sie ihnen nie weggenommen." (WP/GR 19981125: S. 63)[2].

Erziehung wird in den Debatten zwar als geteilte Aufgabe zwischen der Familie und der frühpädagogischen Institution verstanden, allerdings wird die hegemoniale Stellung der Familie immer wieder betont. Erziehung wird so im politischen Sprechen zu einer Aufgabe der Familie mit Konkurrenz von öffentlichen Institutionen. In dieser Konstruktion ist die Verantwortung bei der Familie angesiedelt, frühpädagogische Institutionen können diese jedoch auch übernehmen und geraten so in eine Rivalität mit der Familie. Dies zeigt sich insbesondere in ausufernden Diskussionen darüber, ob die Familie oder pädagogische Institutionen für Kinder besser geeignet sind.

Die Konkurrenz von Familie und pädagogischen Institutionen ist in den österreichischen Debatten auch durch katholisch-fürsorgerische Ideen und damit einhergehende Auffassungen von Familie geprägt (siehe dazu Heidemarie Lex-Nalis in diesem Band).[3] Eltern und im Speziellen berufstätige Mütter werden in der sozialfürsorgerischen Logik der Debatten als ihre (elterlichen) Pflichten vernachlässigend aufgefasst und frühpädagogische Institutionen daher als notwendiger Ausgleich verstanden (vgl. WP/LT 1966: 3). Eine weitere Facette erhält das Spannungsverhältnis Familie – staatliche Institution in den Debatten seit den 1970er Jahren mit einer kompensa-

---

2 Im weiteren Verlauf der Arbeit werden die Verweise auf Material mit folgenden Abkürzungen zitiert, die Vollverweise finden sich im Quellenverzeichnis: Art des Materials: BA (Beschlussantrag), WP (Wörtliches Protokoll) / Politisches Organ: GR (Gemeinderat), MA10 (Magistratsabteilung 10), LT (Landtag), Datum (etwa 1982).
3 In einer historischen Perspektive beschreibt etwa Diana Franke-Meyer (2011) deutlich, dass den pädagogischen Institutionen in konfessioneller TrägerInnenschaft familienunterstützende und kompensatorische Aufgaben zugeschrieben werden.

torischen Funktion im Sinne eines aktiven erzieherischen Ausgleichs (vgl. WP/GR 1982: 33).⁴ Eine Veränderung erfährt diese Kompensationslogik ab den 1980er Jahren, als es nicht mehr um eine Kompensation im Sinne eines Ausgleichs für einzelne Kinder/einzelne Gruppen/einzelne Familien geht, sondern mit einem allmählichen Schwenk zur ‚Frühen Förderung' davon ausgegangen wird, dass alle Kinder Förderung benötigen (vgl. WP/GR 20081001: 7). Mit dieser Konstellation wird das Spannungsverhältnis Familie – staatliche Institution in den Debatten weniger wichtig, da sich die Aufmerksamkeit stärker auf die involvierten Personen richtet – dies geschieht in den Debatten über den Topos ‚Bildung'.

Die Expansion von Bildung

Mit der späten Etablierung der Bildungsfunktion im Sprechen über frühpädagogische Institutionen ab Mitte der 1990er Jahre und deren rasanten Bedeutungszugewinn in den 2000er Jahren kann von einer ‚Expansion' der Bildungsfunktion gesprochen werden. Bildung entwickelt sich bis zum Ende des Untersuchungszeitraumes zum zentralen Bezugspunkt – damit verändert sich auch der Zugriff auf Kinder: In den 1980ern taucht eine neue Adressierung von Kindern als ‚sich aktiv bildend' auf, die die Verantwortung für das Lernen auf die Kinder überträgt. Frühpädagogische Institutionen sind aufgefordert, den bestmöglichen Rahmen bereitzustellen und den Kindern die Möglichkeit zum Lernen zu bieten. Ob und in welcher Art und Weise sie dieses Lernen umsetzen, ist nicht mehr Teil des Rahmens und fällt somit in die Verantwortung der Kinder.⁵ Diese Verantwortung wird in der folgenden Materialstelle besonders evident: „Eine Erkenntnis der modernen Pädagogik zeigt auf, dass das Kind im Endeffekt bestimmt, welche Lernimpulse es wahrnimmt und welche nicht [...] Jeder Lernprozess ist nur durch Leistungsbe-

---

4   Die Annahme eines aktiven pädagogischen Ausgleiches deckt sich mit dem Verständnis von Kompensation in den wissenschaftlichen Diskussionen der 1970er Jahre (vgl. u.a. Lichtenstein-Rother 1977: 177).
5   Agnieszka Dzierzbicka (2007: S. 33) bezeichnet diese Tendenz in Bezug auf Frühförderung als Individualisierung und Privatisierung von Verantwortung und fragt pointiert: „Wie sonst kann eine Entwicklung bewertet werden, die letztlich auf das eine hinausläuft, nämlich Kinder möglichst früh für den Kompetenzwettbewerb ins Rennen zu schicken?".

reitschaft möglich." (MA10 2007: S. 24) In der Subjektposition angelegt wird damit, dass Kinder selbst für ihr Lernen verantwortlich sind. Die Verknüpfung mit Leistungsbereitschaft betont die Aktivität der Kinder als eine notwendige Voraussetzung.[6] Daraus ergibt sich allerdings auch, dass es auf mangelnde Leistungsbereitschaft zurückzuführen ist, wenn kein Lernen stattfindet. Die Verantwortung für das Scheitern liegt in der Subjektposition somit ebenso bei den Kindern selbst. Verknüpft wird die Leistungsbereitschaft im politischen Sprechen mit einer Naturalisierung des Lernens in der Kindheit. Kinder haben in der Logik der Subjektposition nicht nur ein natürliches Bedürfnis zu lernen, sondern die Natur hat es auch so angelegt, dass in den Jahren vor Schuleintritt besonders viel gelernt werden kann, wenn die Leistungsbereitschaft entsprechend vorhanden ist, wie es auch in oben stehender Materialpassage deutlich wird. Durch die Naturalisierung ist in der Subjektposition, die Möglichkeit nicht zu lernen, nicht lernen zu wollen oder nicht lernen zu können, gar nicht vorgesehen – damit wird es im politischen Sprechen ‚unnatürlich', nicht lernen zu wollen/können. Dass die Verknüpfung von Leistungsbereitschaft und Naturalisierung dann problematisch wird, wenn der Subjektposition nicht entsprochen werden kann, erklären Bischoff et al. (2013: S. 27) damit, dass „eine ‚gute Kindheit' nur diejenige sein kann, die diese Vorstellung ernst nimmt." Zudem kann Nicht Lernen (Wollen oder Können) auf mangelnde Leistungsbereitschaft zurückgeführt werden – eine Ordnung, die eine Thematisierung von Ungleichheit oder die Frage, wer für das Lernen verantwortlich ist, nicht möglich macht.[7]

Die Konstruktion der Konkurrenz zwischen Familie und staatlichen frühpädagogischen Institutionen bereitet den Boden für die Verschiebung der Verantwortlichkeit hin zu den involvierten Perso-

---

6   Auf eine derartige Konstruktion von Kindern als AkteurInnen weist auch Johanna Mierendorff (2010) hin, und Andreas Lange (2010: S. 95) spricht vom Bildungsdispositiv als „Allheilmittel".
7   Auch Bettina Grubenmann (2013: S. 35) weist auf den Zusammenhang von Naturalisierung und (De-)Thematisierung von Ungleichheit hin: „Diese am natürlichen Wachstum orientierte Sichtweise, lässt möglicherweise Aspekte des Kinderlebens, des Kindseins bzw. die Konstruktion früher Kindheit außen vor und versperrt den Blick auf gesellschaftlich erzeugte Ungleichheiten."

nen und im Speziellen hin zu den Kindern. Mit Erziehung war die Konkurrenz von Familie und frühpädagogischer Institution im Vordergrund, und Verantwortlichkeit wurde daher ebenfalls auf dieser Ebene abgehandelt – es war dementsprechend entweder die Verantwortung der Familien oder die Verantwortung der Institutionen, die Kinder zu erziehen. Favorisiert wurde in den Debatten eine Verantwortung der Familie, die kompensiert werden konnte durch pädagogische Institutionen, allerdings nur so dies notwendig war (etwa wegen der Berufstätigkeit der Mütter). Mit der Etablierung der sog. ‚Bildungskindheit', die Kinder als sich bildende Subjekte anruft, ergibt sich eine Verschiebung der Verantwortung zu den involvierten Personen (Kinder, Eltern, PädagogInnen). Mit Bildung als dominantem Bezugspunkt in den Debatten werden die involvierten Personen als aktiv und verantwortlich adressiert, und die Frage nach der Verantwortlichkeit der staatlichen Institutionen stellt sich nicht mehr. Die Konstruktion im politischen Sprechen legt vielmehr nahe, dass es um eine Ermöglichung der Verantwortungsübernahme durch die Kinder geht, die von Institutionen wie von der Familie gleichermaßen bedroht ist.

Die veränderte Konstruktion von Verantwortlichkeit zeigt sich jedoch nicht nur in der Adressierung der Kinder, sondern auch in der Adressierung der PädagogInnen.

2. Veränderte Ansprüche an die PädagogInnen: Von Überforderung und Kontrolle

Eine der beiden Tendenzen, die sich im politischen Sprechen über Institutionen der frühen Kindheit zeigt – so der Fokus auf die Konstruktion von Verantwortlichkeit gerichtet wird –, ist die Veränderung in der Adressierung der PädagogInnen. PädagogInnen werden im politischen Sprechen ab den 1990er Jahren vermehrt als überfordert und als verdächtig angerufen. Anhand dieser Prozesse wird deutlich, dass die staatliche Verantwortung zunehmend als eine Kontrolle der PädagogInnen konstruiert wird. Wie sich dies konkret vollzieht, wird in diesem Abschnitt anhand des Materials gezeigt.

Die ‚überforderten' PädagogInnen

Die Anrufung der PädagogInnen als überfordert besteht seit den 1960er Jahren, intensiviert sich jedoch ab den 1990er Jahren deutlich. Die Überforderung wird im politischen Sprechen über unterschiedliche strukturelle Gegebenheiten konstruiert: Die Anzahl der Kinder in den Gruppen der Institutionen, die räumliche Situation, die als nicht angemessen für die Anzahl der Kinder beschrieben wird, die schlechte Bezahlung der PädagogInnen sowie die große Zahl an Kontaktstunden werden als Gründe für die Überforderung herangezogen (vgl. u.a. WP/GR 20070627: S. 17, WP/GR 19931117: S. 97). Die Auswirkungen der Überforderung werden im politischen Sprechen auf der Ebene des pädagogischen Handelns angesiedelt (vgl. u.a. WP/GR 19911211: S. 31). Für die Adressierung bedeutet die Bezugnahme auf diese unterschiedlichen strukturellen Bedingungen in erster Linie, dass strukturelle Gegebenheiten und deren Auswirkungen maßgeblich für die Subjektposition sind – die PädagogInnen werden so zu strukturell überforderten PädagogInnen. Mit einer derartigen Form der Subjektposition wird es möglich, ein höheres Maß an Kontrolle zu etablieren, da es sich – so die Logik im politischen Sprechen – nicht um eine individuelle Überforderung, sondern um eine strukturelle handelt, der auch nur strukturell beizukommen ist. Paradoxerweise zielt die Kontrolle aber nicht auf die strukturelle Ebene ab (also beispielsweise auf eine Senkung der Kinderzahlen oder eine Verbesserung der räumlichen Situation), sondern auf die individuelle Ebene (in Form von Evaluationen und Selbstevaluationen).

Die Anrufungen der PädagogInnen werden im politischen Sprechen über das ‚Verständnis' für deren Überforderung hergestellt. Dies wird in den Materialpassagen unterschiedlich, aber immer in derselben Argumentationsstruktur sichtbar: „Dann kann man nicht jedes Kind so fördern, wie es nötig wäre" (WP/GR 20070627: S. 18). Mit dem Verständnis im politischen Sprechen wird Verständnis für die Unprofessionalität der PädagogInnen geäußert. Dadurch wird den PädagogInnen, im Gestus des Verständnisses, eine Subjektposition aufoktroyiert, die durch Unprofessionalität gekennzeichnet ist. Mit der Begründung dieser Unprofessionalität aus den Strukturen, in denen die PädagogInnen arbeiten müssen, ergibt sich damit eine Subjektposition, in der kaum Handlungsspielraum für die PädagogInnen vorhanden ist, da sie als ‚strukturell unprofessionell' angerufen werden.

Die ‚verdächtigen' PädagogInnen

Eine Anrufung, die sich erst in den 2000er Jahren in den Debatten durchsetzt und die eng mit der Etablierung neuer Kontrollmechanismen verknüpft ist, speist sich aus der Anerkennung der Arbeit der PädagogInnen – die Adressierung der PädagogInnen als verdächtig. Anders als die Konstruktion als überfordert wird in den PädagogInnen in dieser Subjektposition ‚wichtige' und ‚qualitätsvolle' Bildungsarbeit zugeschrieben. Die PädagogInnen werden adressiert über die Bedeutsamkeit ihrer Arbeit (vgl. MA10 2007: S. 9) und werden als „hochspezialisierte Fachkräfte" (MA10 2007: S. 9) angerufen. Den PädagogInnen wird in diesen Anrufungen Anerkennung für ihre Professionalität angeboten. Zugleich wird mit dieser Anrufung eine Notwendigkeit der Kontrolle und der Verdacht, nicht alle PädagogInnen würden gleich gute Arbeit leisten, etabliert (vgl. u.a. BA/GR 20100629_1: o.S.). Teil der Anerkennung der professionellen Arbeit ist daher die Kontrolle der Arbeit bzw. die Installierung einer Haltung der Selbstkontrolle, die in der qualitätsvollen Arbeit selbst begründet scheint und daher nicht von außen an die Subjektposition herangetragen werden muss – wollen PädagogInnen professionelle Arbeit leisten, so geschieht dies gewissermaßen um den Preis der (Selbst)Kontrolle. Die Subjektposition ist demnach eine, die den PädagogInnen zwar Spielraum für professionelles Arbeiten durch deren Anerkennung gibt, aber gleichzeitig von dem Verdacht geprägt ist, dass die PädagogInnen ihre Arbeit nicht gut machen würden und daher (Selbst)Kontrolle notwendig sei.

Beide Subjektpositionen, die ‚überforderten' und die ‚verdächtigen' PädagogInnen, sind Teil der Etablierung neuer Kontrollformen. Diese Kontrollformen sind ein Ausdruck der Veränderung von staatlicher Verantwortung. Während Verantwortung in den 1960er und 1970er Jahren über die Anrufung der PädagogInnen als ‚versorgend' Ausdruck fand, wird sie im politischen Sprechen der 1990er Jahre zu einer Verantwortung durch Kontrolle der PädagogInnen.

3. Resümee

In der Zusammenschau der beiden Bewegungen – der Übergabe der Verantwortung an die Subjekte und der Etablierung neuer Kontrollmechanismen – wird sichtbar, dass im politischen Sprechen die Ermöglichung der Verantwortungsübernahme durch die Kinder und PädagogInnen zentral wird. Die Verantwortungsübernahme wird allerdings als bedroht und bedrohend konstruiert, und damit muss sowohl die Aktivierung der Subjekte als auch deren Kontrolle sichergestellt werden. [8]

Möglich werden diese Tendenzen durch eine diskursive Formierung von ‚Bildung', die gewissermaßen wie ein ‚Scharnier'[9] funktioniert, über das die Ordnungen des politischen Sprechens verlaufen. In seiner beweglichen Verbindung wird das ‚Bildungsscharnier' zu einem wesentlichen Instrument der veränderten Konstruktion von Verantwortung.[10] Sichtbar wird Verantwortung vor allem in Form von Kontrolle, und sie appelliert stärker an aktive Subjekte. Eine mögliche Verantwortlichkeit staatlicher Bildungsinstitutionen wird damit zur Bedrohung der aktiven Subjekte.

Wenn die Konstruktion staatlicher Verantwortung aktuell als Bedrohung aktiver Subjekte in pädagogischen Institutionen inszeniert wird, so wird damit zwar einerseits die Pattstellung Familie vs. pädagogische Institution aufgebrochen, und der Status von frühpädagogischen Institutionen kann sich verändern. Andererseits geschieht dies um den Preis der ‚Freisetzung der Individuen' – Kinder wie PädagogInnen und Eltern gleichermaßen – in einer marktförmigen Logik.

---

8   Diese Tendenzen zeigen sich nicht nur im frühpädagogischen Bereich, sondern sie betreffen alle öffentlichen Bildungsinstitutionen. Für die Erwachsenenbildung weist etwa Marion Ott (2015) auf die Verschiebung von Verantwortung in den Praktiken der Aktivierung für den Arbeitsmarkt hin, der Daniela Rothe (2011) analysiert den Begriff der Bildungsgerechtigkeit im Diskurs des Lebenslangen Lernens.

9   Der Begriff ‚Scharnier' ist Gilles Deleuze entlehnt, der an verschiedenen Stellen von „Scharnieren" oder „Wechselreglern" spricht (vgl. u.a. Deleuze 1977: S. 118).

10 Auf das Phänomen, dass ‚Bildung' quasi als zentraler Motor neoliberaler Umbauten dient, ist in den Erziehungswissenschaften schon verschiedentlich hingewiesen worden: Kerstin Jergus und Christiane Thompson (2017: S. 5) sprechen in Bezug auf den frühpädagogischen Bereich über „Mobilisierungsprozesse", die sich aus den Referenzen auf Bildung speisen.

Literatur

Boltanski, Luc/Chiapello, Ève (2006): Der neue Geist des Kapitalismus. Konstanz: UVK.

Deleuze, Gilles (1977): Kein Schriftsteller: Ein neuer Kartograph. In: Deleuze, Gilles / Foucault Michel: Der Faden ist gerissen. Berlin: Merve, S. 100-136.

Dzierzbicka, Agnieszka (2007): Employable Kinder. Früh übt sich, wer einen Job will. In: Schulheft 125/2007; 32, S.32-41.

Franke-Meyer, Diana (2011): Kleinkinderziehung und Kindergarten im historischen Prozess. Ihre Rolle im Spannungsfeld zwischen Bildungspolitik, Familie und Schule. Bad Heilbrunn: Klinkhardt.

Grubenmann, Bettina (2013): Naturalisierung früher Kindheit oder die Frage nach Gerechtigkeit. In: Grubenmann, Bettina/Schöne, Mandy (Hrsg.): Frühe Kindheit im Fokus. Entwicklungen und Herausforderungen (sozial-)pädagogischer Professionalisierung. Berlin: Frank & Timme, S. 35-47.

Jergus, Kerstin/Thompson, Christiane (2017): Autorisierung des pädagogischen Selbst-Einleitung. In: Dies. (Hrsg.): Autorisierungen des pädagogischen Selbst. Studien zur Adressierung der Bildungskindheit. Wiesbaden: Springer VS, S.1-45.

Lange, Andreas (2010): Bildung ist für alle da oder die Kolonialisierung des Kinder- und Familienlebens durch ein ambivalentes Dispositiv. In: Bühler-Niederberger, Doris/Lange, Andreas (Hrsg.): Kindheit zwischen fürsorglichem Zugriff und gesellschaftlicher Teilhabe. Wiesbaden: VS, S. 90-114.

Lichtenstein-Rother, Ilse (1977): Kompensatorische Erziehung. In: Wörterbuch der Pädagogik. Band 2. Freiburg: Herder, S. 177-178.

Mierendorff, Johanna (2010): Kindheit und Wohlfahrtstaat. Entstehung, Wandel und Kontinuität des Musters moderner Kindheit. Weinheim, München: Juventa.

Ott, Marion (2015): Praktiken der Aktivierung als komplexes Phänomen untersuchen. Zur Arbeit an einer machtanalytischen Ethnographie. In: Fegter, Susann/Kessl, Fabian/Langer, Antje/Ott, Marion/Rothe, Daniela/Wrana, Daniel (Hrsg.): Erziehungswissenschaftliche Diskursforschung: Empirische Analysen zu Bildungs- und Erziehungsverhältnissen. Wiesbaden: Springer, S. 231-248.

Rothe, Daniela (2011): Lebenslanges Lernen als Programm. Eine diskursive Formation in der Erwachsenenbildung. Frankfurt a.M.: Campus.

Sennett, Richard (2005): Die Kultur des neuen Kapitalismus. Berlin: Berlin-Verlag.

Seyss-Inquart, Julia (2016): Bildung versprechen. Zur Ordnung institutioneller Kindheit in politischen Debatten. Wien: Löcker.

Quellenverzeichnis

Beschlussantrag vom 29.06.2010
Magistratsabteilung 10 (2007): Bildungsplan der Stadt Wien.
Wörtliches Protokoll der Sitzung des Wiener Gemeinderates vom 07.12.1982
Wörtliches Protokoll der 27. Sitzung des Wiener Gemeinderates vom 17./18.11.1993
Wörtliches Protokoll der 30. Sitzung des Wiener Gemeinderates vom 25.11.1998
Wörtliches Protokoll der 23. Sitzung des Wiener Gemeinderates vom 27.06.2007
Wörtliches Protokoll der 37. Sitzung des Wiener Gemeinderates vom 01.10.2008
Wörtliches Protokoll der 22.Sitzung des Wiener Landtages vom 18.11.1966

Erna Nairz-Wirth

Frühkindliche Betreuung, Bildung und Erziehung: Harlem Children's Zone und andere Good Practice-Modelle

Einleitung

Auf der Basis wissenschaftlich gesicherter Erkenntnisse bezeichnen die Europäische Union und andere supranationale Organisationen (European Commission 2014; OECD 2016; UNICEF 2014; UNESCO 2015) die bildungspolitische Empfehlung, qualitativ hochwertige Vorschulerziehung zu gewährleisten, als vorrangig. Man kann zwischen einem übergeordneten gesellschaftlichen Ziel und einem bildungsorientierten Ziel unterscheiden. Qualitativ hochwertige Frühkindliche Bildung, Betreuung und Erziehung (FBBE) sollen einerseits der Verringerung von sozialer Ungleichheit und Armut dienen und andererseits spezifische Wirkungen entfalten, nämlich die hohe Zahl an frühen SchulabgängerInnen (early school leavers) reduzieren und (damit zusammenhängend) lebenslanges Lernen fördern. Im Jahr 2016 betrug der Anteil der frühen Schul- und AusbildungsabgängerInnen und -abgänger in Österreich 6,9% (49.000 Personen) und innerhalb der europäischen Union 10,7% oder vier Millionen (European Commission 2016). Mehr als die Hälfte dieser jungen Menschen sind arbeitslos und daher einem hohen Risiko der sozialen Ausgrenzung ausgesetzt (EUROSTAT 2016a). Im Vergleich zu späteren Interventions- und Kompensationsmaßnahmen haben sich frühpädagogische Maßnahmen, die nicht allein die Kinder, sondern die ganze Familie integrieren, als wirksamer erwiesen (Gitschthaler/Nairz-Wirth forthcoming). Gesichert ist die wissenschaftliche Erkenntnis, dass die entscheidenden Weichen einer Bildungskarriere bereits in den ersten fünf bis zehn Jahren gestellt werden. Somit sind Maßnahmen umso effektiver und effizienter, je früher sie im Bildungssystem ansetzen. Frühe Investitionen in Lebens- und Lernumwelten wirken positiv auf die ganze Familie und machen die Kinder resilienter gegenüber ungünstigen Umweltbedingungen.

Kumulative Benachteiligungen (Armut und Segregation)

Die Bedeutung von FBBE wird auch im Kontext der PISA Studien diskutiert: Mangelhafte Lese- und Mathematikleistungen werden auf langfristige, d.h. sich über die Bildungslaufbahn kumulierende soziale und ökonomische Benachteiligungen zurückgeführt. Die empirischen Befunde zeigen, dass Kinder, die an keiner vorschulischen Bildung partizipieren konnten und die aus einer sozioökonomisch benachteiligten Familie stammen, mit einer 25%-igen Wahrscheinlichkeit in ihrem weiteren Bildungsverlauf geringe Mathematikleistungen erzielen werden. Für Kinder aus sozioökonomisch besser gestellten Haushalten drittelt sich diese Wahrscheinlichkeit (OECD 2016). Zusätzliche, mit Armut oft einhergehende Belastungsfaktoren wie eine wenig förderliche häusliche Lernumgebung, eine von der Unterrichtssprache abweichende Umgangssprache, Stigmatisierungs- und Diskriminierungserfahrungen erhöhen das Risiko des schulischen Misserfolgs und Schulabbruchs nochmals deutlich (Nairz-Wirth et al. 2014; Nairz-Wirth/Feldmann 2016).

Generell sind Kinder sowohl in den USA als auch in Europa einem höheren Armutsrisiko ausgesetzt als Erwachsene. 5.3 Millionen Kinder unter sechs Jahren (23 Prozent) wachsen in den USA in materiell deprivierten Verhältnissen[1] auf (Jiang et al. 2017). In der Europäischen Union leben 27 Prozent der 0 – 17-Jährigen in armen oder armutsgefährdeten Familien (Statistik Austria 2017). In Ländern wie Rumänien, Bulgarien, Griechenland, Ungarn, Spanien und Italien ist bereits mehr als jedes dritte Kind von Armut und sozialer Ausgrenzung betroffen (EUROSTAT 2016b). Das geringste Armuts-

---

1   Charakteristisch für materielle Deprivation ist eine den Alltag einschränkende Unterversorgung mit Alltagsgütern. Als materiell depriviert gilt, wer aus finanziellen Gründen nicht in der Lage ist, sich mindestens vier der folgenden neun Güter zu leisten: (1) Regelmäßige Zahlungen rechtzeitig zu begleichen (z.B. Miete, Betriebskosten, Kreditrückzahlungen, Wohnnebenkosten, Gebühren für Wasser-, Müllabfuhr und Kanal, sonstige Rückzahlungsverpflichtungen). (2) Unerwartete Ausgaben bis zu 1.160 € zu finanzieren. (3) Die Wohnung angemessen warm zu halten. (4) Jeden zweiten Tag Fleisch, Fisch (oder entsprechende vegetarische Speisen) zu essen. (5) Einmal im Jahr auf Urlaub zu fahren. (6) Einen PKW zu besitzen. (7) Eine Waschmaschine, (8) ein Fernsehgerät und (9) ein Telefon oder Handy zu haben.

risiko von Kindern ist in der EU in den skandinavischen Staaten gegeben, während Österreich und Deutschland im Mittelbereich liegen (Chzhen et al. 2017). UNICEF trennt zwischen verschiedenen Arten von Armut. Österreich nimmt einen sehr guten Platz bei Bekleidung und Bildungsressourcen ein, während es in den Bereichen Wohnverhältnisse, Sozial- und Freizeitaktivitäten im Mittelbereich der EU liegt. In Österreich werden 275.000 Kinder und Jugendliche im Alter zwischen 0 und 15 Jahren als arm eingestuft. Innerhalb dieser Gruppe wachsen 46.000 in materiell deprivierten Haushalten auf (Statistik Austria 2017, Tab 8.22). Insbesondere alleinerziehende Frauen und Familien mit drei und mehr Kindern sind, verglichen mit der Gesamtbevölkerung, einem signifikant erhöhten Armutsrisiko ausgesetzt (38 Prozent bzw. 31 Prozent) (ebd.). Regional betrachtet manifestiert sich materielle Deprivation vor allem in Stadtteilen innerhalb Wiens und in Ortschaften mit weniger als 10.000 Einwohnern (ebd., Tab 5.4a).

Eine beschleunigte Verdichtung von Armutslagen ist vor allem infolge der Segregation in den Bildungseinrichtungen der FBBE und in Schulen mit geringerem Prestige (Sonderschulen, Neue Mittelschulen) zu beobachten. Dies trifft auf Orts- und Stadtteile zu, in denen Arbeitslosigkeit und prekäre Lebens- und Wohnverhältnisse überdurchschnittlich auftreten. Eltern mit einer hohen Bildungsaspiration und mit ausreichender Informations- und ökonomischer Kapitalausstattung übersiedeln in weniger benachteiligte Orte oder Stadtteile, während arme Familien in die ressourcenarmen Regionen abgedrängt werden. *„Beide Mobilitätsbewegungen führen zu einer Benachteiligung des Stadtteils und der Opportunitätsstrukturen für Kinder. ‚Zurück bleiben' überdurchschnittlich häufig Familien mit niedriger Bildung oder geringem Einkommen oder auch Familien mit Migrationshintergrund."* Dies bedeutet, dass sich die herkunftsspezifische Homogenisierung in den Kindergärten, Grundschulen und Neuen Mittelschulen weiter verstärkt (Nairz-Wirth/Feldmann 2015).

Durch das derzeitige noch immer relativ traditionelle Bildungssystem in den meisten Ländern der OECD werden diese sich verstärkenden gesellschaftlichen Prozesse der steigenden sozialen Ungleichheit, der Segregation und der Vererbung von Armut in zu geringem Maße kompensiert. Dies zeigt sich vor allem in Staaten mit hoher Jugendarbeitslosigkeit. Doch besonders in Österreich und

Deutschland werden Jugendliche mit geringer Qualifizierung überproportional häufig ausgegrenzt, was sich in einem hohen Arbeitslosigkeitsrisiko für diese Gruppe niederschlägt. Die folgenden wissenschaftlichen Ergebnisse gelten daher auch für die bisher wirtschaftlich gut abschneidenden Länder.

Kinder, die in armen bzw. armutsgefährdeten Familien aufwachsen, haben deutlich schlechtere Chancen, einen höheren Bildungsabschluss zu erreichen und später als Erwachsene einer qualifizierten Erwerbstätigkeit nachzugehen. Für die hohen volkswirtschaftlichen Folgekosten von Bildungsarmut (entgangene Steuereinnahmen, erhöhte Kosten im Gesundheits- und Justizwesen, erhöhte Sozialtransferleistungen und reduziertes Wirtschaftswachstum) liegen bereits viele valide Berechnungen vor. Schwieriger „messbar" sind die Lebensqualität und gesellschaftliche Teilnahme betreffenden Kosten für die Betroffenen, wie erhöhte Anfälligkeit für psychische und physische Krankheiten, Stigmatisierung und Rückzug aus der Gesellschaft, sinkendes demokratisches Bewusstsein (s. hierzu insb. Haveman/Wolfe 1984). Mit der Aussage „You can't measure the cost of a kid without a dream" (Teachers' College Columbia University 2006) hat Charles Rangel beim ersten jährlichen Teachers College Symposium on Educational Equity 2005 in New York City (USA) das Problem treffend umschrieben.

Effekte von FBBE

Nachhaltige Effekte vorschulischer Bildung können am besten mittels Längsschnittstudien gemessen werden. Ein populäres und wissenschaftlich anerkanntes Beispiel dafür ist die Begleitstudie zum Perry-Preschool-Programm aus Michigan (USA), das auf Erkenntnissen des Kognitionswissenschaftlers J. Piagets basiert und innovative und reformpädagogische Elemente umsetzt. Die Begleitstudie untersucht die langfristigen Auswirkungen des Projekts auf die Bildungslaufbahn und Lebensumstände der ehemaligen Vorschulkinder. Die Evaluierung zeigt, dass die aus armen Verhältnissen stammenden afro-amerikanischen Vorschulkinder später, nämlich im Alter von 40 Jahren, deutlich mehr höhere Bildungsabschlüsse erreichten, in weniger kriminelle Handlungen verwickelt waren und seltener in prekären Verhältnissen leben mussten als die Kinder der

Kontrollgruppe. Die Perry-Preschool-AbsolventInnen zeigten im Erwachsenenalter auch ein höheres politisches und soziales Bewusstsein und Engagement.

Das *Chicago Child-Parent Center*, das 1967 gegründet wurde, ist ein weiteres Beispiel für ein Programm, das einen Schwerpunkt auf Elterneinbindung legt. Die ganze Familie wird in das Programm inkludiert und vor allem im Bereich Gesundheit und Ernährung gefördert und ausgebildet. Neben den gestiegenen Zahlen an höheren Bildungsabschlüssen lassen sich die Erfolge dieses Out-Reach-Programmes vor allem an einer reduzierten Rate sonderschulischen Förderbedarfs, Klassenwiederholungen und Jugend- und Erwachsenenkriminalität messen. Mit beiden Programmen ist es einerseits gelungen, die kognitive, sozio-emotionale und physische Entwicklung benachteiligter Kinder zu fördern, und andererseits Armut und Delinquenz in der Region zu reduzieren (Temple/Reynolds 2015). Kosten-Nutzen-Analysen beider Programme ergeben, dass für jeden investierten Dollar mindestens 10 Dollar an volkswirtschaftlichem Ertrag an die Gesellschaft zurückfließen. Solche auf sozial benachteiligte Kinder zugeschnittene Good-Practice-Modelle, in denen Organisationen und Personen aus der regionalen Umgebung involviert sind, dienen nicht nur der Verbesserung der Bildungsangebote, sie fördern indirekt auch die Entwicklung der regionalen Umgebung (Downes et al. 2017; Fiore 2011; MacIver/MacIver 2009; Hammond et al. 2007).

Ein Vergleich der Wirksamkeit von frühkindlichen Programmen hat sich allerdings als schwierig herausgestellt. Einerseits scheitern Längsschnittstudien oft an deren Finanzierbarkeit, zweitens ist die Vergleichbarkeit aufgrund von zu vielen Einflussfaktoren oft nicht gegeben. Ein dem High/Scope Perry-Preschool-Projekt vergleichbares Programm müsste folgende Charakteristika erfüllen (Schweinhart et al. 2005):

(1) Die Pädagoginnen und Pädagogen verfügen über zumindest einen Bachelor-Abschluss und weisen Zertifizierungen im Bereich der Frühkindlichen Pädagogik, Elementarpädagogik und Sonderpädagogik nach.

(2) Das Betreuungsverhältnis (Lehrpersonen – Kinder) überschreitet den Faktor 1:8 nicht.

(3) Die am Programm teilnehmenden Kinder wachsen in so-

zio-ökonomisch benachteiligten Familien bzw. Regionen auf, d.h. die Eltern üben angelernte Tätigkeiten aus oder sind arbeitslos.
(4) Das Programm für die 3 und 4 Jahre alten Kinder dauert zwei Jahre.
(5) Die tägliche Unterrichtszeit von 2,5 Stunden wird nicht unterschritten
(6) Im Programm werden innovative Lehr- und Lernformen umgesetzt. Selbstgesteuertes Lernen steht im Mittelpunkt und wird durch einen Unterricht in Klein- und Großgruppen ergänzt. Die Kinder erhalten professionelle pädagogische Unterstützung von den Lehrpersonen bei der Planung, Durchführung und Überprüfung ihrer Aktivitäten. Die Kinder bekommen Chancen für zahlreiche ihre Bildungslaufbahn förderliche Schlüsselerfahrungen.
(7) Folgende curriculare Inhalte stehen im Mittelpunkt: Eigeninitiative, soziale Beziehungen, Kreativität, Bewegung und Musik, Logik und Mathematik sowie Sprache und Alphabetisierung.
(8) Die Lehrpersonen werden von einem erfahrenen Supervisor unterstützt.
(9) Ein zentrales Element ist die Elternarbeit. Es finden mindestens jede zweite Woche Hausbesuche durch Lehrpersonen statt. Alternativ dazu werden Elterngruppentreffen organisiert. Den Eltern wird regelmäßig und wiederholt vermittelt, dass sie im pädagogischen Projekt gleichwertige Partner mit den Lehrpersonen sind.

Harlem Children's Zone (HCZ)

Die *Harlem Children's Zone* wurde als Pilot-Projekt in den 1990er Jahren in einem Straßenblock des New Yorker Stadtteils mit hohem Entwicklungsbedarf Central Harlem gestartet. Im Jahr 2000 wurde ein strategischer 10-Jahres-Plan entwickelt, mit dem Ziel, das Programm von 24 auf möglichst viele weitere Straßenblocks auszuweiten. Die Umgebung ist von komplexen Problemlagen gekennzeichnet (stark sanierungsbedürftige Wohnungen, hoher Drogenkonsum, Schulen mit vielfältigen Problemlagen, Gewaltverbrechen und chronische Gesundheitsprobleme wie beispielsweise hohe Asthmaraten). 65 % der im Programm eingeschriebenen Kinder sind in Armut geboren. Dreiviertel der Familien haben weniger als 500 Dollar Ersparnisse, und ein Drittel der Kinder leidet an Asthma. 54 % der Mütter sind alleinerziehend, und viele der Kinder haben Gewalt erlebt oder beobachtet. Die Implementierungsstrategie war es, eine kritische Menge an Teilnehmenden zu erreichen, um einen soziokulturellen Wandel in der Region einzuleiten. Die Initiatoren gingen davon aus, dass erst ab einem bestimmten Wendepunkt (tipping-point) Kinder und Jugendliche auf ausreichend soziale Netzwerke und Vorbilder zurückgreifen können, um selbst eine hohe Bildungsaspiration zu entwickeln. Heute, rund 25 Jahre später, ist das HCZ-Projekt ein anerkanntes Best-Practice-Programm im Feld der Armutsbekämpfung, Bildungs- und Jugendförderung und der Stadtentwicklung. Das Programm umfasst derzeit 97 Straßenblocks mit mehr als 10.000 Jugendlichen und ebenso vielen Erwachsenen.

Das Programm HCZ ist auf folgenden Grundprinzipien aufgebaut (Harlem Children's Zone 2010):
1. **Inklusion** möglichst der gesamten Nachbarschaft. Ziel: Erreichung eines Wendepunkts (*tipping-point*), ab dem ein soziokultureller Wandel stattfindet.
2. Schaffung einer **Pipeline** mit koordinierten Best-Practice-Programmen. Ziel: nahtlose Unterstützung von Familien und Kindern ab dem Zeitpunkt der Schwangerschaft über die gesamte Bildungslaufbahn bis zum College. Dadurch soll der Bildungs- und Lebensstandard nachhaltig gehoben werden.
3. Aufbau einer **Community** unter den Einwohnern, Institutionen und Stakeholdern. Ziel: Schaffung einer gesunden und positiven Umwelt, in der Kinder ihre Potenziale entfalten können.
4. **Programmevaluierung**: Feedbackschleifen und möglichst zeitnahe Evaluierungsergebnisse, als Basis für gutes Leadership an den Schulen.
5. Kultivierung einer **Organisationskultur** basierend auf Erfolg, Leidenschaft, Verantwortung, Leadership und Teamarbeit.

Das Leitungsteam der HCZ besteht aus einem Executive Board, einem aus der Region stammenden Direktor („President") und aus 19 weiteren Führungskräften (distributed leadership). Zentral ist eine gemeinsame Vision, dass die Kinder in Harlem mit dem notwendigen Bildungs- und Sozialkapital für einen College-Abschluss und ein gutes Leben ausgestattet werden. Es wird darauf geachtet, dass alle Gemeinschaftsmitglieder mit Sozial- und Gesundheitsleistungen gut versorgt werden.

Fundament und Pipeline der Harlem Children's Zone

Die Harlem Children's Zone ist als Bildungspipeline basierend auf vielfältigen Unterstützungsprogrammen für die Gemeindebewohnerinnen und -bewohner strukturiert. Die einzelnen Bildungsabschnitte bilden einen Systemverbund. Die Intervention beginnt ab der Schwangerschaft der Mutter und setzt sich bis zum Collegeabschluss des Kindes fort.

Abbildung 1: Pipeline Harlem Children's Zone in Anlehnung an ebd. (2010, 5)

In folgender Tabelle sind die einzelnen Programme, die sich direkt und indirekt auf FBBE beziehen, beschrieben:

	Programm	Ziele und Inhalt	positive Effekte
Early Childhood	Baby College[1] (seit 2000) Zielgruppe: (werdende) Eltern von Kindern zwischen 0 und 3 Jahren	- Herstellung einer gesunden und unterstützenden familiären Umgebung - Stärkung der Elterngemeinschaft - Workshop (jeden Samstag über die Dauer von 9 Wochen) - regelmäßige Hausbesuche - Erwerb von Wissen auf den Gebieten: Sprachentwicklung, Gehirnentwicklung im Kleinkindalter, soziales Verhalten, Ernährung, Gesundheit, Kommunikation, Möglichkeiten intellektueller Anregung etc.	- 5.724 AbsolventInnen (Eltern) seit 2000[2] - 81% der Eltern lesen ihren Kindern mehrmals pro Woche vor[3]
	Baby College GRADS[4] (seit 2010) Zielgruppe: AbsolventInnen des Baby College	- Weitere Unterstützung der Entwicklung der Kinder - Förderung und Stärkung der Eltern-Kind-Beziehung - Stärkung der Elterngemeinschaft (geführte Gruppentreffen) - Hausbesuche (wöchentlich) - Praktische Übungen zur Förderung der Kinder („Jeder Moment kann lehrreich sein") : Interaktionen mit Kindern, frühe Sprach- und Lesefärderung etc.	- hohe Bindung der Eltern an die HCZ-Organisation - gestiegene Sicherheit im Haushalt - Betreuung und Information aller schwangeren Frauen der HCZ[5]
	Three Year Old Journey[6] (seit 2004) Zielgruppe: Eltern und ihre 3-jährigen Kinder	- Weiterentwicklung der Elternkompetenz - Stärkung der Elterngemeinschaft - Workshop (jeden Samstag über die Dauer von 12 Wochen) mit Kinderbetreuung in Spielgruppen - Erwerb von Wissen auf den Gebieten: Disziplin, Entwicklung das Kindes, altersgerechte Übungen zur frühen Sprach- und Lesefärderung	-
	Harlem Gems[7] (seit 2001) Zielgruppe: Kinder zwischen 3 und 4 Jahren	- Schulreife beim Übergang in die Promise Academy[8] - Förderung lebenslangen Lernens - Förderung einer Kultur akademischer Exzellenz zur Vorbereitung auf den Collegeabschluss - Ganzjähriges Programm mit ganztägiger Betreuung (Betreuungsquote 1:5) - Elterneinbindung in Klassenaktivitäten - Inhalte: frühe Sprach- und Lesefärderung (Englisch, Französisch und Spanisch), Mathematik, Naturwissenschaft, Technologie, Sozialwissenschaft, Kunst, Sport, Gesundheit, Ernährung	100 % der Gems schulreif im Jahr 2017[9]

1 http://hcz.org/our-programs/the-baby-college/
2 https://hcz.org/results/
3 Hanson 2013
4 Grads = Guardians Responding and Developing Strategies; http://hcz.org/our-programs/the-baby-college/
5 http://hcz.org/wp-content/uploads/2016/01/HCZ-EHS-2015-Annual-Report.pdf
6 http://hcz.org/our-programs/the-three-year-old-journey/
7 http://hcz.org/wp-content/uploads/2014/04/HCZ-White-Paper.pdf; http://hcz.org/our-programs/harlem-gems/
8 Promise Academy® ist eine sogenannte K–12 school, was bedeutet, dass die Kinder dort vom Kindergarten bis zur 12. Schulstufe unterrichtet werden.
9 Feststellung der Schulreife erfolgt durch standardisierte Bracken Basic Concept Scale; https://hcz.org/results/

	Programm	Ziele und Inhalt	positive effekte
HEALTH	HCZ Food Services[10] Zielgruppe: Alle Kinder bzw. alle Jugendlichen und deren Eltern	· Förderung von Gesundheit und Wohlbefinden der Kinder und Jugendlichen · Frisch zubereitetes, gesundes Frühstück, Mittagessen und Snacks für Harlem Gems und SchülerInnen der Promise Academy · Kostenlose Kochkurse für SchülerInnen und deren Familien	1.200.000 gesunde, nahrhafte Mahlzeiten im Jahr 2017[11]
	Harlem Armory[12] Zielgruppe: Kinder und Jugendliche, Erwachsene	· Bewegungsförderung · Vermittlung ernährungs-wissenschaftlicher Grundlagen · 50.000 Quadratmeter Sport- und Freizeithalle · Sportprogramme für Kinder, Jugendliche und Eltern	9.000 Kinder und Jugendliche in den Sport- und Ernährungsprogrammen[13]
	Healthy Harlem[14]	· Vermeidung von Übergewicht und Fettleibigkeit · Förderung einer gesunden Lebensweise · Erfassung von Body-Mass-Index für jedes Kind und Zuordnung zu einem von drei Interventionsplänen · Umsetzung kreativer Möglichkeiten für Kinder, vor allem an Orten mit eingeschränktem Platz- und Sportangebot · Regelmäßige Messung von Größe, Gewicht und Entwicklung der Kinder · Pädagogische Poster zur Motivationssteigerung · Einbindung der Eltern und Mitglieder der örtlichen Gemeinschaft durch Kochkurse, durch einen Bauernmarkt mit kostenlosem Obst und Gemüse, durch Kurse, z.B. Zumba und Kickboxen, und Weight Watchers · Family Fit: Fitness- und Ernährungsprogramm für Kinder und ihre Eltern	
	Harlem Children's Zone Asthma Initiative[15] Zielgruppe: Kinder 0–12 Jahre	· Prävention und Behandlung von Asthma · Zusammenarbeit mit unterschiedlichen medizinischen Einrichtungen · kostenlose Diagnoseuntersuchungen · umfassende kostenlose medizinische Betreuung mit Hausbesuchen	· Rückgang des Fernbleibens vom Unterricht aufgrund von Asthma · Verbesserte Strategien der Eltern zur Behandlung von Asthma-Symptomen · Rückgang der Arzt- und Krankenhaus-besuche aufgrund von Asthma[16] · Reduktion der Auslöser von Asthma · Erhöhter Einsatz von Medikamenten zur Asthma-Prävention · Rückgang der Asthma-Symptome[17]

10 https://hcz.org/our-programs/hcz-food-services/
11 https://hcz.org/results/
12 https://hcz.org/our-programs/harlem-armory/
13 https://hcz.org/results/
14 https://hcz.org/our-programs/healthy-harlem/
15 Nicholas et al. 2005
16 Centers for Disease Control and Prevention 2005
17 Spielman et al. 2006

	Programm	Ziele und Inhalt	positive effekte
Family & Community	**Single Stop und Tax Preparation Program**[18] Zielgruppe: Community	· Niederschwelliger Zugang zu staatlichen Ressourcen (wie Krankenversicherung, Lebensmittelmarken, Arbeitslosenunterstützung, Kinderbetreuung etc.) · Kostenlose vertrauliche Rechts-, Finanz- und Steuerberatung innerhalb einer Anlaufstelle · Betreuung durch ausgebildeten Koordinator	· 4.400.000 Dollar Rückvergütungen für 2.986 Familien über das kostenlose Steuerberatungsprogramm im Jahr 2016[19]
	Community Pride[20] Zielgruppe: Community	· Sicherung der Bedürfnisse der Nachbarschaft und Verbesserung der Lebensqualität · Förderung der Kommunikation unter den Bewohnern und Entwicklung von Partnerschaften mit Familien und Bewohnern der HCZ · Regelmäßige Hausbesuche zur Information der Einwohner über gesamtes Leistungsspektrum der HCZ · Gemeindeversammlungen · Kooperation mit Mietervereinigungen, religiösen Organisationen, Unternehmen, Community Advisory Boards etc. · Unterstützung bei persönlichen Problemen wie Unterbringung, Sicherheit, Rechtsfragen, Beschäftigung etc. · Vernetzung der Gemeinschaftsmitglieder durch kulturelle Aktivitäten und Feiertagsfestivitäten, gemeinschaftliche Revitalisierungs- und Verschönerungsprojekte	· Betreuung von 27.573 Kindern und Erwachsenen im Jahr 2017[21]
	Community Centers[22] Zielgruppe: Community	· Schaffung eines sicheren, unterstützenden Umfeldes für die Kinder und Jugendlichen · Stärkung der Gemeinschaft · Nachmittagsbetreuung der Kinder und Jugendlichen mit Lernunterstützung, Hausaufgabenbetreuung und Programmen wie Sport, Schauspiel, Schach, Fotografie etc. · Abend- und Wochenendprogramme für Eltern wie Fitness- und Tanzkurse etc. · Veranstaltungen für gesamte Nachbarschaft wie Spieleabende, Konzerte etc.	· Betreuung von 27.573 Kindern und Erwachsenen im Jahr 2017[23]
	Preventive Programs[24] Zielgruppe: Community	· Stabilisierung der Familien · Vermeidung der Pflegeunterbringung von Kindern · Präventionsprogramme zur Unterstützung der Familien (z.B.: Aggressionsbewältigung, Drogenmissbrauch) · Unterstützung der Familien bei akuten Bedürfnissen wie Wohnbedarf, Kleidung etc. · Regelmäßige Hausbesuche	· 1.204 sind Familien stabil geblieben (Vermeidung der Pflegeunterbringung der Kinder) seit 2010[25]

18 https://hcz.org/our-programs/single-stop-tax-preparation/
19 https://hcz.org/results/
20 https://hcz.org/our-programs/community-pride/
21 https://hcz.org/results/
22 https://hcz.org/our-programs/hcz-community-centers/
23 https://hcz.org/results/
24 Harlem Children's Zone 2017h
25 Harlem Children's Zone 2017g

Zusammenfassung und Ausblick

Auf die Bedeutung von FBBE wird in bildungswissenschaftlichen und -politischen Veröffentlichungen in der westlichen Welt immer wieder hingewiesen. Eine Vielzahl von Studien aus den USA und Europa weisen über Kosten-Nutzen-Analysen nach, dass vor allem Programme, die an der frühkindlichen Förderung, der Einbindung der Eltern und der umliegenden Gemeinde und ihrer Mitglieder ansetzen, effektiv sind. Aufgrund der das gesamte Leben bestimmenden primären Herkunftseffekte, d.h. der Sozialisation in der Familie und der Nachbarschaft, sind Maßnahmen im Bereich sekundärer Sozialisationsinstanzen umso effektiver und effizienter, je früher sie ansetzen (qualitativ hochwertige Programme in der frühkindlichen Bildung). Ebenso gesichert ist die Erkenntnis, dass die entscheidenden Weichen einer Bildungskarriere bereits in den Vorschuljahren gestellt werden, weshalb die FBBE zu einem zentralen Thema nationaler und internationaler Bildungspolitik geworden ist. Das in diesem Beitrag ausführlich vorgestellte Armutsbekämpfungs- und Bildungsprojekt Harlem Children's Zone startet bereits bei den werdenden Müttern, fokussiert auf Elternbildung und Einbindung der „Community", d.h. der Gemeindeeinwohner, und vertritt folglich einen ganzheitlichen und gesellschaftlich wirksamen Interventionsansatz.

Das HCZ-Projekt stellt den Aufbau und die Pflege einer förderlichen Community in den Mittelpunkt der FBBE. Über häufige Kontakte der Eltern untereinander und regelmäßig stattfindende Spielgruppen werden das Zugehörigkeitsgefühl zur Organisation gestärkt und Vorurteile abgebaut (Allport 1954).

Die frühpädagogischen wohlfahrtsstaatlichen Maßnahmen sind im Rahmen multidimensionaler gesellschaftlicher Prozesse zu betrachten. Der Ausbau der Kindertagesbetreuung wurde in Österreich und anderen westlichen Staaten in den vergangenen Jahrzehnten weiter vorangetrieben. Allerdings wurden ganzheitliche und wirksam auf Strukturverbesserung bezogene Programme wie HCZ nur in Nischen erprobt. Eine soziale und politische Strategie, die schrittweise auf benachteiligte Kinder, Familien und Regionen gerichtete frühpädagogische, gesundheits- und lebensweltorientierte Forschung sowie auf Prävention und Intervention aufbaut und diese nachhaltig stützt, sollte in Österreich und in den anderen EU-Staaten höchste Priorität bekommen.

Literatur

Allport, G. W. (1954): The nature of prejudice. Cambridge Mass.

Centers for Disease Control and Prevention (2005): Health Disparities Experienced by Black or African Americans – United States. In: Morbidity and Mortality Weekly Report, 54. H. 1 (2005), 1–32.

Chzhen, Y./Bruckauf, Z./Toczydlowska, E. (2017): Sustainable Development Goal 1.2: Multidimensional child poverty in the European Union. Innocenti Working Paper 2017-07. Florence. https://www.unicef-irc.org/publications/pdf/IWP-2017_07.pdf [Download am 31.10.2017]

Downes, P./Nairz-Wirth, E./Rusinaitė, V. (2017): Structural Indicators for Inclusive Systems in and around Schools. Analytical Report. Luxembourg.

European Commission (2014): Early Childhood Education and Care 2014. Eurydice Policy Brief. [Download am 05.10.2017]

European Commission (2016): EUROPEAN SEMESTER THEMATIC FICHE EARLY LEAVERS FROM EDUCATION AND TRAINING. http://ec.europa.eu/europe2020/pdf/themes/2016/early_leavers_education_training_201605.pdf [Download am 19.04.2017]

EUROSTAT (2016a): Education and training in the EU – facts and figures: Distribution of early leavers from education and training by labour status, 2015. http://ec.europa.eu/eurostat/statistics-explained/images/0/0c/Early_leavers_from_education_and_training_statistics_ET2016_08_09.xlsx [Download am 31.10.2017]

EUROSTAT (2016b): One in four children at risk of poverty or social exclusion in the EU. newsrelease 225/2016. http://ec.europa.eu/eurostat/documents/2995521/7738122/3-16112016-AP-EN.pdf/c01aade1-ea44-411a-b20a-94f238449689 [Download am 31.10.2017]

Fiore, D. J. (2011): School-community relations. New York, N.Y.

Gitschthaler, M./Nairz-Wirth, E. (forthcoming): The Individual and Economic Costs of Early School Leaving. In: van Praag, L./Nouwen, W./van Caudenberg, R./Clycq, N./Timmerman, C. (Hrsg.): Comparative perspectives on Early School Leaving in the European Union: Taking a multi-methods approach towards a multi-level social phenomenon.

Hammond, C./Linton, D./Smink, J./Drew, S. (2007): Dropout risk factors and exemplary programs. A technical report. Clemson, SC.

Hanson, D. (2013): Assessing the Harlem Children's Zone. Discussion Paper No. 08. Washington, DC. http://s3.amazonaws.com/thf_media/2013/pdf/CPI_DP_08.pdf [Download am 10.10.2017]

Harlem Children's Zone (2010): The Cradle through College Pipeline: Supporting Children's Development through Evidence-Based Practices. http://hcz.org/wp-content/uploads/2014/04/The_Cradle_through_College_Pipeline___2010_Final_version_02.pdf [Download am 05.10.2017]

Haveman, R. H./Wolfe, B. L. (1984): Schooling and Economic Well-Being. The Role of Nonmarket Effects. In: The Journal of Human Resources, 19, H. 3 (1984), 377–407.

Jiang, Y./Granja, M. R./Koball, H. (2017): Basic Facts about Low-Income Children. Children under 6 Years, 2015. http://nccp.org/publications/pdf/text_1172.pdf [Download am 30.10.2017]

Jurczok, A./Lauterbach, W. (2014): Schulwahl von Eltern: Zur Geografie von Bildungschancen in benachteiligten städtischen Bildungsräumen. In: Berger, P. A./Keller, C./Klärner, A./Neef, R. (Hrsg.): Urbane Ungleichheiten. Wiesbaden, 135–156.

MacIver, M. A./MacIver, D. J. (2009): Beyond The Indicators: An Integrated School-Level Approach to Dropout Prevention. Arlington, VA.

Nairz-Wirth, E./Feldmann, K. (2015): Schulen als Kulturträger. Lessons to be learned. Band III. Endbericht. Wien: Abteilung für Bildungswissenschaft, Wirtschaftsuniversität Wien. https://www.wu.ac.at/fileadmin/wu/d/i/bildungswissenschaft/Forschung/Publikationen/Nairz-Wirth_Feldmann_Schulen_Als_Kulturtraeger_Endbericht.pdf [Download am 31.10.2017]

Nairz-Wirth, E./Feldmann, K. (2016): Teachers' views on the impact of teacher-student relationships on school dropout: A Bourdieusian analysis of misrecognition. In: Pedagogy, Culture & Society, 25, H. 1 (2016), 121–136.

Nairz-Wirth, E./Gitschthaler, M./Feldmann, K. (2014): Quo Vadis Bildung? Eine qualitative Längsschnittstudie zum Habitus von Early School Leavers. Wien: Kammer für Arbeiter und Angestellte Wien & MA 23 – EU-Strategie und Wirtschaftsentwicklung, Dezernat Arbeit und Wirtschaft. http://www.wu.ac.at/bildungswissenschaft/aktuelles/abgforschungsprojekte/qv

Nicholas, S. W./Jean-Louis, B./Ortiz, B./Northridge, M./Shoemaker, K./Vaughan, R./Rome, M./Canada, G./Hutchinson, V. (2005): Addressing the childhood asthma crisis in Harlem: the Harlem Children's Zone Asthma Initiative. In: American journal of public health, 95, H. 2 (2005), 245–249.

OECD (2016): Education at a Glance 2016. OECD Indicators. Paris. [Download am 15.09.2016]

Schweinhart, L. J./Montie, J./Xiang, Z./Barnett, W. S./Belfield, C. R./Nores, M. (2005): Lifetime effects: The HighScope Perry Preschool study through age 40. Monographs of the HighScope Educational Research Foundation, Band 14. Ypsilanti, MI.

Spielman, S. E./Golembeski, C. A./Northridge, M. E./Vaughan, R. D./Swaner, R./Jean-Louis, B./Shoemaker, K./Klihr-Beall, S./Polley, E./Cushman, L. F./Ortiz, B./Hutchinson, V. E./Nicholas, S. W./Marx, T./Hayes, R./Goodman, A./Sclar, E. D. (2006): Interdisciplinary Planning for Healthier Communities. Findings from the Harlem Children's Zone Asthma Initiative. In: Journal of the American Planning Association, 72, H. 1 (2006), 100–108.

Statistik Austria (2017): Tabellenband EU-SILC 2016. Einkommen, Armut und Lebensbedingungen. Wien. http://www.wienerzeitung.at/_em_daten/_wzo/2017/05/02/170502_1224_tabellenband_eu_silc_2016_einkom-

men_armut_und_lebensbedingungen_02.05.2017.pdf [Download am 30.10.2017]
- Teachers' College Columbia University (2006): Teacher College Newsroom. http://www.tc.columbia.edu/articles/2006/april/equity-by-the-numbers/ [Download am 31.10.2017]
- Temple, J. A./Reynolds, A. J. (2015): Using Benefit-Cost Analysis to Scale Up Early Childhood Programs through Pay-for-Success Financing. In: Journal of benefit-cost analysis, 6. H. 3 (2015), 628–653.
- UNESCO (2015): Education 2030. Incheon Declaration and Framework for Action for the implementation of Sustainable Development Goal 4. Ensure inclusive and equitable quality education and promote lifelong learning opportunities for all. http://unesdoc.unesco.org/images/0024/002456/245656E.pdf [Download am 31.10.2017]
- UNICEF (2014): Early Childhood Development: A Statistical Snapshot. https://data.unicef.org/wp-content/uploads/2015/12/ECD_Brochure_2014_197.pdf [Download am 31.10.2017]

Hermann Kuschej

Elementarpädagogik zwischen Lissabon, Barcelona und PISA

Der jüngere bildungspolitische Diskurs in Österreich ist geprägt von der Vorgabe, im globalen marktwirtschaftlichen Wettbewerb zu reüssieren. Das Bildungssystem wird dabei begriffen als Produktivitätsfaktor im Kontext der Bereitstellung von Humankapital als wichtiger Ressource in einem globalen kompetitiven Umfeld. Das bildungspolitische Paradigma der 1970er Jahre, einen möglichst egalitären Zugang aller Bevölkerungsgruppen zu (höherer) Bildung zu schaffen, wurde also abgelöst von einem marktorientieren Zugang. Historisch gesehen bilden für diesen Diskurs das Ende des (austro-)keynesianischen Wohlfahrtsstaatsmodells in den 1980er Jahren und der EU-Beitritt Österreichs im Jahr 1995 wichtige Zäsuren. Spätestens mit der Etablierung eines einheitlichen Währungssystems innerhalb der EU, an dessen Ende die Einführung des EURO stand, dominierte ein wirtschaftsliberaler, auf Austerität (ausgeglichener Staatshaushalt mit geringer Verschuldungsquote) bedachter Diskurs das gesellschaftliche Geschehen. Im Folgenden sollen die Konsequenzen dieses wirtschaftspolitischen Paradigmenwechsels für das Bildungssystem generell und speziell für den Elementarbereich nachvollzogen und dessen Einflüsse diskutiert werden. Die dominanten Merkmale dieses Wandels sind die Integration von Elementarpädagogik und Schule in ein geschlossenes Bildungssystem einerseits und die omnipotenten volkswirtschaftlichen Funktionszuschreibungen seitens Politik und Wirtschaft, mit denen sich das Bildungssystem konfrontiert sieht, andererseits.

Bildungsökonomie und Elementarpädagogik

Die jüngeren Reformansätze zur Elementarbildung in Österreich sind geprägt vom Anspruch der Mobilisierung aller individuellen Potenziale im Sinne einer Erhöhung des volkswirtschaftlichen Gemeinnutzens: Indem den privaten Unternehmen gut ausgebildetes

Personal zur Verfügung stehe, erhöhe sich deren Innovations- und dadurch auch deren Wettbewerbsfähigkeit. Und erhöhte Wettbewerbsfähigkeit führe zu sichereren und besser bezahlten Arbeitsplätzen. Dahinter steht ein neoklassisch beeinflusster bildungsökonomischer Ansatz, wonach das Ausschöpfen der individuellen Potenziale zu mehr Chancengerechtigkeit beitrage. Chancen werden dabei begriffen als Chancen auf eine erfolgreiche Partizipation am Arbeitsmarkt. Gerechtigkeit meint qualifikatorische Waffengleichheit im Konkurrenzkampf unter MitbewerberInnen. Daraus resultiert letztlich die Erhöhung des volkswirtschaftlichen Gesamtnutzens im Wettbewerb unter allen globalen Volkswirtschaften, wobei dem Faktor „Bildung" eine zentrale Funktion zukommt.[1]

Innerhalb dieses Referenzrahmens bewegt sich die Diskussion des politischen Mainstreams seit den 1980er Jahren und damit der durch „PISA" permanent gesetzte bildungspolitische Reformdiskurs, der des Längeren auch den Elementarbereich einschließt. Maßgebliche Interessenvertreter der unternehmerischen Wirtschaft haben dabei öffentlichkeitswirksam die außerparlamentarische Initiative übernommen. Programmatisch kommt das im folgenden Auszug einer Broschüre der Österreichischen Industriellen Vereinigung zum Ausdruck:

„Bildung fängt lange vor der Schule an. In der frühkindlichen Phase werden wesentliche Grundlagen für die Entwicklung und damit auch für die Bildungsbiografie jedes Kindes gelegt. Elementarbildung ist der erste institutionelle Ansatzpunkt zur Potenzial- und Begabungsförderung und Schlüssel für Chancengerechtigkeit. Frühkindliche Bildung ermöglicht hohen individuellen und volkswirtschaftlichen Nutzen. Elementare Bildungseinrichtungen sind – neben der Familie – eine erste und wichtige Umgebung non-formaler Bildung."[2]

---

1 „Die zentralen Voraussetzungen für eine Spitzenstellung Österreichs in der Welt von 2050 sind Bildung, Innovation und Strukturwandel." In: Rat für Forschung und Technologieentwicklung (RFTE) et al (Hg.), Vision Österreich 2050. Vorsprung durch Bildung, Forschung und Innovation, Wien 2014, S. 6.
2 Industriellenvereinigung (Hg.), Elementarpädagogik: Beste Bildung von Anfang an, Wien, 2015, S. 26f.

Maßgebliche Proponenten der Bildungsökonomie stützen diesen Diskurs seit Jahren, im deutschsprachigen Raum ist zuvorderst Ludger Wössmann zu nennen.[3]

Die Bildungsökonomie identifiziert dabei in Bezug auf die schulische Bildung monetäre Effekte auf individueller und volkswirtschaftlicher Ebene:

1. Individuelle Ebene: Der Schulbesuch ist dabei korreliert mit höherer Marktproduktivität und damit höherem Einkommen. Über alle europäischen Staaten hinweggesehen resultiert ein zusätzliches Jahr Schule in einem um 8% höheren Einkommen.[4] Dabei ist allerdings weniger die Anzahl der absolvierten Schuljahre als vielmehr der Schulerfolg maßgeblich. In der Konsequenz heißt das, dass der Schulbesuch mit einer steten Leistungskontrolle einherzugehen hat, soll der Bildungsertrag auch tatsächlich eingelöst werden können. Diese Art der Leistungsorientierung und Leistungskontrolle floss in das nationale österreichische Schulsystem in Form der Etablierung vergleichbarer Bildungsstandards ein. Auf internationaler Ebene etablierten sich OECD-getriebene periodische Testungen wie PISA, PIRLS oder TIMMS.

2. Volkswirtschaftliche Ebene: Bildung fördert Wirtschaftswachstum durch eine Effektivierung des Humankapitals begriffen als Summe aller Arbeitskräfte. Dabei geht es um die Erschließung aller quantitativen Potenziale einerseits, also auch sogenannter „bildungsferner Schichten" wie Gruppen mit einer Migrationsbiografie aus politischen oder wirtschaftlichen Krisenregionen. Darüber hinaus gilt es aber auch, konform zu den von globaler Konkurrenz getriebenen Bedingungen des Wirtschaftssystems, das allgemeine Qualifikationsniveau zu heben. Der Wert des Humankapitals wird dadurch insgesamt erhöht und mit ihm Produktivität und Wachstum. Darüber hinaus steigert höhere Schulbildung das Innovationspotential der Ökonomie und führt zu höherer internationaler Wettbewerbsfähigkeit.

Wird nun dieser marktorientierten Wachstumslogik gefolgt, so ergeben sich daraus folgende bildungspolitische Konsequenzen: So-

---

3 Etwa: Ludger Wößmann, Efficiency and Equity of European Education and Training Policies. IFO-München (CESifo Working Papers, 1779), 2006.
4 Ebd. S. 4.

ziale Gleichheit ist eine Frage der Partizipationschancen am Arbeitsmarkt und diese steigen mit dem Grad der Schulbildung. Die Leistungs- und Wettbewerbsfähigkeit hängt dieser neoklassisch beeinflussten Logik zufolge wesentlich von der Qualität des Humankapitals ab. Dem Bildungssystem wird dabei die Rolle zugedacht, durch Mobilisierung und Qualifizierung dieses Human-Potenzials gleichermaßen für sozialen Ausgleich wie für stetes Wirtschaftswachstum zu sorgen. Von daher vermögen Prominenz und Präsenz einer verstetigten Bildungsreformdiskussion nicht weiter zu verwundern.

Im Rahmen dessen hat die vermeintliche Omnipotenz des Bildungssystems des Längeren auch den Bereich der Elementarpädagogik erfasst. Unter gegebenen demografischen Bedingungen, wie Rückgang der Geburtenquote bei gleichzeitigem Migrationsdruck, gilt es Strategien zu entwickeln, gegebene Human-Potenziale möglichst früh schulischen Qualifizierungsmaßnahmen zugänglich zu machen, um diese in der Folge in ihrem eigenen und im Interesse der Wirtschaft (= Allgemeinheit) schnellstmöglich produktiv zu machen.

Die vorherrschende Strömung der Bildungsökonomie erachtet möglichst frühe Investitionen in kindliche Ausbildung als maßgeblich für berufliche Entwicklungskarrieren. Dahinter steht der Befund, dass Kinder mit sozioökonomischer Benachteiligung, wofür der Bildungshintergrund der Eltern als Parameter herangezogen wird, deutlich schlechtere Chancen auf eine gute Integration am Arbeitsmarkt haben.[5] Dabei geht es also nicht darum, Bedingungen sozialer Ungleichheit in der gesellschaftlichen Realität zu adressieren, sondern vielmehr darum, Ungleichheit durch frühe Bildungsinterventionen quasi zu reparieren. Dem Elementarbereich kommt deshalb große Bedeutung zu, da der Theorie zufolge der Nutzen bloß reparativer Interventionen mit zunehmendem Alter stark abnimmt. Solche Bildungsökonomie vergleicht dabei die Relation von Grenzertrag eines zusätzlichen Jahres im Bereich der Elementarbildung mit dem eines zusätzlichen Jahres am Ende der jeweils bestehenden Schulpflicht. Dabei wird länder- und schichtenübergreifend ein mit dem Alter fallender Grenzertrag zusätzlicher Bildungsmaßnahmen

---

5 Siehe etwa RFTE, Vision Österreich 2050, 2014, S. 48.

konstatiert. Je früher also die Intervention erfolgt, desto besser sind die Aussichten, den Einkommensnachteil gegenüber privilegierten Schichten zu verringern.[6] Interventionen in der Phase der Elementarpädagogik „zahlen" sich also insbesondere für benachteiligte Gruppen aus, da bei diesen Nachholeffekte zum Tragen kommen. Allerdings schwächen sich diese Effekte im Laufe der weiteren schulischen Karriere wieder ab, da die Kluft zu sozioökonomisch besser gestellten Kindern trotz allem nicht überbrückbar ist. Daraus lässt sich schließen, dass bildungsnahe Gruppen gegenüber bildungsferneren längerfristig immer noch höhere Einkommenserträge lukrieren, indem etwa höhere Schulabschlüsse erreicht werden.

EU-Wirtschaftspolitik und Elementarpädagogik

Auf der Ebene der Realpolitik der EU wurde ab den 90er Jahren eine kausale Verbindung von Wirtschaftspolitik und Elementarpädagogik hergestellt. Schon 1992 wurde vom Rat die Empfehlung an die Mitgliedstaaten formuliert, „schrittweise Initiativen zu ergreifen und/oder anzuregen, die es Frauen und Männern ermöglichen, ihre beruflichen, familiären und erzieherischen Pflichten im Hinblick auf die Kinderbetreuung miteinander in Einklang zu bringen".[7] Im Zuge der Lissabon-Erklärung (2000), die EU „zum wettbewerbsfähigsten und dynamischsten wissensbasierten Wirtschaftsraum der Welt" zu machen, wird dem Elementarbereich entsprechend hohe Priorität eingeräumt. Schließlich definierte der Rat bei seinem Gipfeltreffen im Jahr 2002 in Barcelona für die EU-Mitgliedsstaaten die Zielvorgabe, für 90% der Kinder zwischen einem Alter von drei Jahren und der Schulpflicht und für 33% der Kinder unter drei Jahren Betreuungsplätze zur Verfügung zu stellen.

Während Funktion und Rolle des Elementarbereichs zwischen den 1990er und den 2000er Jahren also noch stärker auf die Aktivierung der Frauen für den Arbeitsmarkt abzielte, wurde dieser Aspekt

---

6 Siehe etwa James Joseph Heckman, Skill Formation and the Economics of Investing in Disadvantaged Children, Science (312), 1900–1902, 2006.
7 Siehe EU-Parlament, Generaldirektion für interne Politikbereiche, Überprüfung der Barcelona-Ziele, Workshop 25.11.2013, S. 12. http://www.europarl.europa.eu/RegData/etudes/workshop/join/2013/493037/IPOL-FEMM_AT%282013%29493037_DE.pdf (aufgerufen am 15.2.2018)

mit zunehmender (Arbeits-)Migration in den EU-Raum in der jüngeren Vergangenheit um den Aspekt eine früheren pädagogisch-qualifikatorischen Einflussnahme auf die auszubildenden Kinder erweitert. Diese größeren politischen Zusammenhänge mündeten in Österreich in wiederholte Forderungen nach Ausbau der Betreuungsplätze für Unter-Drei-Jährige, nach einer Ausweitung der Öffnungszeiten von Betreuungseinrichtungen sowie auch einer Verbesserung der Betreuungsqualität. Damit verbunden waren budgetäre Dotierungen des Bundes unter dem Titel diverser „Kindergarten-Milliarden", die von den für außerschulische Kinderbetreuung zuständigen Bundesländern kofinanziert werden sollten.[8] (Weswegen dieses Unterfangen auch regelmäßig scheitert …)

Bildungsfinanzierung durch Bildungsreform

Im wissenschaftlichen Diskurs innerhalb Österreichs wurden die Barcelona-Zielvorgaben der elementarpädagogischen Integration aller Kinder im Vorschulalter dementsprechend stark unter dem Aspekt a) der demografischen Entwicklung und b) der prognostizierbaren Kosten hinsichtlich des erforderlichen Betreuungspersonals thematisiert.[9] Damit ist eine weitere signifikante Komponente der Diskussion um Elementarpädagogik angesprochen, nämlich der „effiziente" Mitteleinsatz. Unter Bedingungen der EU-Austeritätspolitik der letzten Jahrzehnte, die sich in einer möglichst niedrigen Staatsverschuldung auf Kosten öffentlicher Investitionen und wohlfahrtsstaatlicher Leistungen niederschlägt, sind jegliche öffentliche Ausgaben wachstumstheoretisch zu begründen. Davon sind auch Investitionen in Elementarbildung und Schulsystem nicht ausgenommen. Die Rechtfertigung solcher Ausgaben zielt dabei weniger etwa auf die Reduktion sozialer Ungleichheit als vielmehr auf zu erwartende finanzielle Amortisationseffekte ab. Kurzfristig etwa

---

8 Siehe etwa Ausbauoffensive des Familienministeriums: https://www.bmfj.gv.at/familie/kinderbetreuung/ausbauoffensive.html (aufgerufen am 15.2.2018)
9 Siehe Norbert Neuwirth, Was sind uns unsere Kinder wert? Eine Kostenschätzung zum weiteren Ausbau im Elementarbildungsbereich, ÖIF Forschungsbericht, Wien 2016. http://www.oif.ac.at/fileadmin/OEIF/Forschungsbericht/fb_22_elementarbildung.pdf (aufgerufen am 15.2.2018)

durch erhöhte Einnahmen infolge zusätzlichen Betreuungspersonals aus Titeln der Sozialversicherungsbeiträge, Lohn- und Einkommenssteuer oder der Mehrwertsteuer aus zusätzlicher Kaufkraft. Das trifft auch auf die durch Kinderbetreuung bewirkte frühere bzw. zusätzliche Erwerbstätigkeit der Eltern zu.[10] Längerfristig werden in solchen Gegenrechnungen auch die durch höhere und erfolgreichere Bildungsabschlüsse mutmaßlich besseren Berufs- und Arbeitsmarktchancen der ausgebildeten Personen ins Kalkül gezogen: Die „Amortisierungsrate" der staatlichen Investitionen steigt mit den mutmaßlich höheren Einkommen und den dadurch höheren Beiträgen zur Sozialversicherung bzw. der höheren Abgabenquote. Zusammen mit dem privaten Nutzen, der sich aus jenem der künftigen Erwachsenen und Produktivitätsgewinnen der Unternehmen (besser ausgebildetes Humankapital) ergibt, sind letztlich volkswirtschaftliche Gesamtbilanzen anzustellen, um die Aufwendungen fiskalpolitisch zu rechtfertigen.[11]

Vor dem Hintergrund dieser zunehmend unhinterfragten fiskal- bzw. austeritätspolitischen Vorgaben ist die bildungspolitische Diskussion in Österreich junktimiert mit dem Ruf nach einer Verwaltungsreform im Schulbereich: Die volkswirtschaftlich als notwendig erachteten Investitionen in den Elementarbereich sollen durch Einsparungen in der Verwaltung gegenfinanziert werden. In dieser Argumentation spielen internationale Vergleichstests wie PISA eine maßgebliche Rolle, diese bilden gewissermaßen das Vehikel für eine seit den 1990er Jahren in Permanenz stattfindenden Bildungs-Reformdiskussion: Das im internationalen Vergleich unterdurchschnittliche Abschneiden Österreichs wird mit den im internationalen Vergleich hohen öffentlichen Aufwendungen pro SchülerIn konfrontiert.[12] Einerseits knüpfen daran eben Forderungen nach einer Schulverwaltungsreform an, andererseits bedarfsorientierte Finanzierungsmodelle nach Maßgabe spezifischer regionaler „Problemla-

---

10 Siehe ebd. S. 6.
11 Am Bsp. Oberösterreichs wurden solche Effekte berechnet in: Friedrich Schneider; Elisabeth Dreer, Verstärkte Investitionen in frühkindliche Bildung: Kosten und Nutzen für Oberösterreich, JKU Linz, 2012.
12 Siehe etwa: Hermann Kuschej et al, Struktur und Effizienz des österreichischen Bildungswesens und seiner Verwaltung. IHS Studie im Auftrag des BMUKK, Wien 2007.

gen".[13] Der hohen Selektivität des österreichischen Bildungswesens infolge einer frühen Differenzierung nach der Primarstufe soll durch spezifische Mittelzuwendungen auf der Grundlage objektiver Indikatoren, wie Bildungs- oder Migrationshintergrund der Eltern, begegnet werden. Dem Bereich der Elementarpädagogik wird dabei gerade in Belangen der Sprachkompetenz eine zentrale Rolle beigemessen. Ihm wird zugemutet, was in der gesellschaftlichen Realität offenkundig misslingt: Integration zu bewerkstelligen, und zwar schnell, effizient und kostengünstig.

---

13 Siehe dazu Hermann Kuschej, Karin Schönpflug, Indikatoren bedarfsorientierter Mittelverteilung im österreichischen Pflichtschulwesen, IHS-Studie im Auftrag der Kammer für Arbeiter und Angestellte für Wien, Wien 2014. Oder: Johann Bacher, Helmut Altrichter, Ausgleich unterschiedlicher Rahmendbedingungen schulischer Arbeit durch eine Indexbasierte Mittelverteilung. In: Erziehung und Unterricht. März/April 2010.

Daniela Holzer

Widerständige Entgegnungen
Weiterbildungswiderstand als Praxis der Verweigerung

Nein! Nein, nein und nochmals nein!
Als Kinder und Jugendliche hören wir ständig diese Aufforderung, etwas zu unterlassen, etwas nicht zu bekommen, etwas nicht zu dürfen. Wir lernen aus dieser Erfahrung aber nicht, selbst nein zu sagen. Vielmehr werden uns solche Versuche sukzessive systematisch ausgetrieben und wir werden stattdessen in das Positive eingetaktet. Bestehende Gesellschaftsverhältnisse und die kapitalistische Produktionsweise erscheinen uns dann als das einzig Richtige und das Gute, jegliche Negation dessen ist als unvernünftig diffamierbar. Entdecken wir doch zuweilen negative Seiten, so werden wir angehalten, sie positiv zu wenden: Es könne aus allem das Beste gemacht werden, in allem sei etwas Positives zu finden.

Die Hegemonie des bürgerlich-kapitalistischen „Positivismus" ist aber noch nicht total, und Interessengegensätze prallen weiterhin aufeinander. In politischen Positionierungen, in sozialen Anliegen, im Kampf um gerechtere Verteilung, im Einsatz für vielfältige Lebensformen werden viele Neins zu bestehenden Verhältnissen formuliert. Wir finden aber auch Neins vom reaktionären politischen Spektrum: Nein gegen Ausländer, gegen liberale Abtreibungsgesetze etc. Und auch im Lebensalltag sind wir gefordert, uns mit Neins, mit unterschiedlichen Bedürfnissen und Wünschen unserer Mitmenschen auseinanderzusetzen.

Aber dennoch ist in vielen, sehr grundlegenden gesellschaftlichen Aspekten eine Hegemonie auszumachen, die ein Nein-Sagen, eine Verweigerung kaum noch zulässt. Dazu zählt beispielsweise die bürgerlich-kapitalistische Produktionsweise mit ihren Logiken des Fortschritts, des Aufstiegs und der Konkurrenz, die in alle Poren gesellschaftlichen Zusammenlebens einsickert. Ebenso zählen dazu die für den Kapitalismus erforderlichen bürgerlichen Grundpfeiler wie Leistung, Vernunft und auch Bildung. Bildung sei vernünftig und damit unhintergehbar. Weiterbildung sei für den Fortschritt erforderlich und daher notwendig. Diese und viele weitere Argumentationen sind Teil einer Herrschaftsstrategie, in der unter Bezugnahme auf scheinbar unumgängliche Entwicklungen das Bild eines naturgesetzlichen Fortschreitens von Gesellschaft erzeugt wird, dem nicht Folge zu leisten unmöglich sei. Dazu nein zu sagen, wird bereits im Keim erstickt.

Eine negativ-dialektische Lesart

Ein wesentlicher Grundpfeiler kritischer Theorien ist nun, Herrschaftsmechanismen sichtbar zu machen. Ideologiekritische Analysen erhellen, dass das, was als natürlich und unveränderlich auftritt, von Herrschaftsinteressen durchdrungen ist, der Schein der Objektivität und der Interessefreiheit aber mit allen Mitteln erhalten werden soll (vgl. z.B. Adorno 1966/2003). Ergänzend dazu zeigen uns machtanalytische, gouvernementalitätstheoretische Zugänge, wie die Ausübung von Macht und Herrschaft perfektioniert wird, indem die äußere Kontrolle in eine innere Disziplinierung abgewandelt wird (vgl. z.B. Foucault 1982/2013, Bröckling 2007). Erst wenn wir uns selbst – scheinbar selbstbestimmt – den Anforderungen unterwerfen beziehungsweise die Herrschaftsinteressen sogar in unser Denken und Wollen eingeschrieben sind, funktionieren wir perfekt in der Maschinerie: „Die Menschen sollen wollen, was sie müssen" (Pongratz 2010: 163).

Meinen Überlegungen zu Weiterbildungswiderstand liegt darüber hinaus eine spezifische Ausformulierung kritischer Theorie zugrunde: die negative Dialektik im Anschluss an Adorno (vgl. Adorno 1965–66/2003, 1966/2003). Diese erweist sich deshalb als besonders erkenntnisreich, weil die Negation eine herausragende Bedeutung hat und damit das weiterbildungswiderständige „Nein" in den Mittelpunkt rücken kann.

In der negativen Dialektik spielt das Nein, die Negation, zunächst dahingehend eine große Rolle, als damit die dialektischen Widersprüche in der Gesellschaft aufgezeigt werden: Die Welt besteht nicht aus Eindeutigkeiten, aus klaren und unhintergehbaren Einfachheiten, sondern jeder Aspekt ist in sich widersprüchlich und trägt auch andere Seiten in sich. Die *negative* Dialektik macht nun insbesondere sichtbar, dass diese Widersprüche unauflösbar, nicht in Eindeutigkeiten überführbar sind. Dies ist schwer auszuhalten, weil einfache Antworten und handfeste Klarheiten so nicht zu haben sind. Die Negation ist in der negativen Dialektik aber auch eine negative Stellungnahme, ein Urteil über gesellschaftliche Missstände. Mit einer Ahnung einer besseren Welt vor Augen werden inhumane, ungerechte, unfreie Verhältnisse negativ beurteilt. Und da eine „andere" Welt erst vage sein kann, weil wir sie mit unseren gesellschaftlich geprägten und damit auch beschränkten Vorstellungen noch gar nicht denken können, erfolgt die Analyse vorerst unter den negierenden Vorzeichen, zumindest *In*humanität oder *Un*freiheit benennen zu können, womit eine weitere Nuance der Negation vor uns liegt.

Die Negationen in den Mittelpunkt zu rücken, ist nun nicht einfach nur Spielerei, sondern ist erforderlich, weil hier jene Momente liegen, die den Herrschaftsinteressen entgegenlaufen. Herrschaft manifestiert sich über angeblich unhinterfragbare Eindeutigkeiten, über das Ausblenden von negativen Schattenseiten, über die Fetischisierung des Positiven, in der jede Gegenpositionierung möglichst undenkbar sein soll oder zumindest diffamiert werden kann (vgl. Adorno 1965–66/2003, 1966/2003, 1969/1971, Marx 1867/1988). Die Widerspruchsfreiheit, das Vorherrschende und das Positive werden zum einzig Richtigen und zum Guten per se erhoben. Diesen Mechanismen stellt die negative Dialektik ihre Negation entgegen.

Mit diesen – wenn auch sehr reduzierten – Hinweisen auf die erkenntnistheoretischen Hintergründe negativ-dialektischen Denkens und einem Einsatz für die Negation (vgl. Holzer 2017: 55ff.) können wir die abstrakte Ebene bereits wieder verlassen und befinden uns mitten im Weiterbildungswiderstand. Er ist das negativ-dialektische Gegenüber der positiven Auflladung von Bildung und Weiterbildung. Er ist als dialektisches „Nicht" zu analysieren. Und er ist zugleich als negative Stellungnahme lesbar (vgl. ebd.: 359ff.).

Warum „Widerstand"?

Warum aber spreche ich im Zusammenhang von Bildung und Weiterbildung von „Widerstand"? Der Begriff Widerstand ist bereits mit zahlreichen, sehr unterschiedlichen Konnotationen belegt und daher nicht unbedacht einzusetzen. Von manchen Seiten wird darauf gepocht, Widerstand nur in spezifischen, insbesondere explizit politischen Zusammenhängen zu verwenden, während andere unter Widerstand nur offene, aktive Handlungen verstanden wissen wollen. Widerstand ist aber immer schon in unterschiedlichen Themenfeldern von Bedeutung gewesen, angefangen von Kämpfen gegen despotische Herrschaft bis hin zu Arbeitskämpfen und diversen sozialen Bewegungen. Auch passive Widerstandsformen sind nichts Neues. Die mögliche Vielfalt von Widerständen spiegelt sich in aktuellen wissenschaftlichen und handlungsbezogenen Diskursen wider, in denen aktuell meist ein breites Widerstandsverständnis vertreten wird. Als zentrales Moment kristallisiert sich dabei heraus: Widerstand ist Gegen-Handeln, ist Abwehr, ist ein Kampf um Interessen, ist ein Gegen-Pol zu Herrschaft und Macht (vgl. z.B. Foucault 1982/2013; Bröckling 2007; Žižek 2009; Holzer 2017).

Widerstand ist aber nicht per se (gesellschafts- und herrschafts-)kritisch in einem kritisch-theoretischen oder links-politischen Verständnis, auch wenn dieser Eindruck zuweilen entsteht, insbesondere dann, wenn der Begriff nicht näher bestimmt eingesetzt wird und – vermutlich nicht unabsichtlich – eher revolutionsromantische Ahnungen hervorruft. Widerstand ist aber zunächst lediglich eine inhaltlich noch unbestimmte Abwehr von hegemonialen Herrschaftsinteressen und Machtübergriffen. Auf diese „Richtung" des Widerstands bestehe ich allerdings: Aufgrund der in den Macht- und Herrschaftsverhältnissen ungleichen Kräfteverteilung ist meines Erachtens der Terminus Widerstand lediglich für die Gegenwehr „von unten" anzuwenden. Herrschende und Mächtige haben ungleich stärkere Instrumente, ihre Interessen durchzusetzen, und hier von Widerstand (z.B. gegen Forderungen „von unten") zu sprechen, ist daher aus meiner Sicht inadäquat. Nichtsdestotrotz ist aber Widerstand nicht per se kritisch oder politisch links, sondern kann durchaus konservativ, bürgerlich, politisch rechts etc. sein. Erst die konkreten Sachverhalte, Interessen oder Ziele lassen eine nähere Bestimmung als kritischen Widerstand zu.

Widerstandsforschungen

In Bildungskontexten ist Widerstand ein eher ungewohnter Begriff. Er taucht zwar bereits ab den 1960er Jahren immer wieder auf, allerdings in erster Linie dahingehend, dass (Erwachsenen-)Bildung einen Beitrag leisten könne und solle, Widerständigkeit zu entwickeln. Insbesondere in der politischen Bildung ist dieser Fokus relevant. Widerstand gegen die Bildung selbst ist hingegen ein fast gänzlich marginalisiertes Handlungs- und Forschungsfeld. Am ehesten noch wird die Abwehr von Lernen thematisiert, die Lehrende in ihrer täglichen Praxis erleben, die aber dennoch kaum als Widerstand thematisiert wird und falls doch, dann eher im Sinne einer Störung, die es möglichst abzustellen gelte. Einige – wenn auch sehr kleine und wenige – Forschungsinseln greifen nun aber Widerstand in Bildungskontexten aus gänzlich anderer Perspektive auf (vgl. Willis 1977/2013; Giroux 1983/2001, Axmacher 1990a,b, Bolder/Hendrich 2000, Faulstich/Grell 2005, eine umfassende Übersicht in Holzer 2017: 187ff.). Trotz vieler Unterschiede, insbesondere hinsichtlich eines kritischen oder affirmativen Erkenntnisinteresses und hinsichtlich des verwendeten Widerstandsbegriffs, teilen sie weitgehend die Annahme, dass Widerstand eine begründete, legitime, sinnvolle Abwehr von Zumutungen ist. Diese Arbeiten, teilweise aus dem schulischen, insbesondere aber dem Erwachsenenbildungsumfeld, waren Ausgangspunkt meiner Theorie des Weiterbildungswiderstands. Diese Forschungen, die Widerstand als Nicht-Teilnahme, Widerstand innerhalb von Lehr-Lern-Situationen oder Lernwiderstände aufgreifen, habe ich systematisch zusammengetragen, auf Vereinbarkeiten und Leerstellen untersucht, um in Verbindung mit Widerstandsforschungen aus politischen, sozialwissenschaftlichen, organisationstheoretischen und philosophischen Feldern erstmals eine umfassende Theorie von Weiterbildungswiderstand vorzulegen (vgl. Holzer 2017), woraus ich im Folgenden lediglich eine grobe Skizze wiedergeben kann.

Die Möglichkeit des scheinbar Unmöglichen: Weiterbildungswiderstand als Negation

Der zentralste Aspekt von Weiterbildungswiderstand ist aus meiner Sicht, ihn als Negation lesbar zu machen. Für dieses Ansinnen lässt sich nun Vieles vom bereits Gesagten mit der Weiterbildung verbinden: die ideologiekritische Erkenntnis, dass sich hinter scheinbar objektiven Oberflächen Herrschaftsinteressen verbergen; die Aufdeckung von Mechanismen, die das Nein-Sagen und das „Nicht"-Denken zu verunmöglichen versuchen; der Blick auf die Negation als immanenter, unauflöslicher Widerspruch und nicht zuletzt die deutliche Benennung, wogegen negativ Stellung genommen wird. Das grundlegendste und zugleich verzwickteste Moment ist der überaus erfolgreiche Versuch, in der bürgerlich-kapitalistischen Gesellschaft die Negation von (Weiter-)Bildung als undenkbar und unmöglich und schon gar nicht als sinnvoll zu markieren. Bildung hat eine tragende Rolle in der Durchsetzung bürgerlich-kapitalistischer Verhältnisse und ist per se gut und sinnvoll aufgeladen. Jeder Widerstand dagegen – so er überhaupt wahrgenommen wird – kann somit nichts Gutes sein, herrscht doch die „vernünftige" Annahme vor: „Wer sich nicht bildet, ist dumm, bleibt dumm, wird dumm" (Axmacher 1990b: 54). Wie Horkheimer und Adorno (1969/1988) eindringlich vorführen, ist das scheinbar unhintergehbare „Vernünftige" aber eine nur instrumentelle Vernunft bürgerlicher, ökonomisch-rationaler Ausprägung, mit der – gepaart mit einem unterstellten genuinen Bildungsbedürfnis – jeder Bildungswiderstand beiseite gewischt werden kann und letzte Entgegnungen mit dem Pochen auf angeblich unumgänglicher Notwendigkeit weggefegt werden können. Weiterbildungswiderstand kann nicht sein, darf nicht sein, soll nicht sein. Dass die Bildungsversprechen ungehalten bleiben, wird verschwiegen, macht Menschen aber dennoch ungehalten.

Nicht-Weiterbildung, Nicht-Lernen erscheint unter diesen Voraussetzungen als Normbruch, als Nicht, das für hegemoniale Perfektion am besten gar nicht denkbar oder zumindest möglichst diskreditiert sein soll. Prüfen wir unser eigenes Denken auf diese Kontaminierungen, so entdecken wir zahlreiche Spuren davon. Dialektisch tritt aber dieses Nicht, die Negation notwendig zugleich mit der Weiterbildung und noch mehr mit Weiterbildungszwängen hervor: Jedes Lernen impliziert die Möglichkeit des Nicht-Lernens, jede Weiterbildungsaufforderung die Möglichkeit, dieser nicht nachzukommen. Die dialektische Verwobenheit reicht aber noch tiefer, indem die Widersprüche direkt aufeinander verweisen, beispielsweise gilt: *Gerade weil* Weiterbildung auf Selbstaktivität angewiesen ist, besteht auch die Möglichkeit, selbstaktiv gegen Weiterbildung zu handeln. Weiterbildungswiderstand ist also nicht nur denkbar und möglich, sondern immanent angelegt. Dies hieße nun, dass entgegen der vorherrschenden Ansichten nicht nur Barrieren und Hindernisse der Weiterbildungsaktivität entgegenstehen – auch wenn diese überaus bedeutsam sind –, sondern Nicht-Weiterbildung als Negation grundsätzlich – potenziell oder manifest – vorhanden sein müsste.

Die bisherigen empirischen Studien zu (Weiterbildungs-)Widerstand bestätigen dies, auch wenn bislang erst Teilsegmente beleuchtet wurden und der Weiterbildungswiderstand aufgrund seiner derzeit hauptsächlich individualisierten, unauffälligen, unterlassenden, stillen Formen schwer zu fassen ist. Dennoch sind weiterbildungswiderständige Handlungen empirisch rekonstruierbar (vgl. Axmacher 1990a, b, Bolder/Hendrich 2000, Faulstich/Grell 2005) und theoretisch erkundbar (vgl. Holzer 2017). Weiterbildungswiderstand lässt sich nun auch als negative Stellungnahme lesen. Er richtet sich gegen unzumutbare Anforderungen der Arbeitswelt, gegen die überbordenden Leistungsanforderungen, gegen zunehmende Vereinnahmung von Eigenzeit. Gründe für Weiterbildungswiderstand lassen sich aber auch darin finden, dass die Versprechungen von Erfolg und Teilhabe durch Weiterbildung enttäuscht wurden oder dass angesichts der Arbeitsbelastungen und existenziellen Unsicherheiten einfach die Kraft für Lernen und Weiterbildung fehlt. Weiterbildungswiderstand kann sich gegen die Bevormundung in Lehr-Lern-Situationen richten, gegen als sinnlos wahrgenommene Inhalte oder gegen das vermittelte Bild, ständig unzureichend und verbesserungsbedürftig zu sein, um nur einige Aspekte zu nennen (vgl. Holzer 2017: 400ff.).

Interessenlagen und Antagonist*innen

In der dialektischen Negation und den negativen Stellungnahmen treten sich entsprechende Antagonist*innen gegenüber, ob in struktureller Form oder als konkrete Personen. Strukturell prallen unterschiedliche Interessenlagen aufeinander, vereinfacht: Herrschaftsinteressen treffen auf Gegen-Interessen. Kritische Forschungen problematisieren allerdings, dass Herrschaft derzeit primär diffus auftritt. Es ist kaum ein direktes Gegenüber auszumachen, sondern vielmehr subtile Machtmechanismen (vgl. z.B. Foucault 1976/1997, 1982/2013, Ackroyd/Thompson 1999, Hardt/Negri 2003, Bröckling

2007, Žižek 2009). Widerstand tritt je nach Gegenüber in jeweils unterschiedlichen Formen auf. Nicht nur in (Weiter-)Bildungskontexten zeigen sich daher aktuell vor allem entziehende, unterlassende Formen, beispielsweise weil Herrschaft über permanente Aktivitäts- und Leistungsaufforderungen Einfluss zu nehmen sucht und diesen am adäquatesten durch Inaktivität und Leistungsverweigerung begegnet wird. (Dass aber auch besonders repressive Herrschaft zu fast unsichtbarem Widerstand führen kann, zeigt Scott anhand der subversiven „hidden transcripts", vgl. Scott 1990).

Beim Weiterbildungswiderstand manifestiert sich die diffuse Herrschaft aber zuweilen auch in konkreten Institutionen oder Personen und sei es nur stellvertretend für Herrschaftsinteressen: Auf Seiten der „Bildungspartei" (Axmacher 1990b: 60) stehen jene, die die Weiterbildungsaufforderungen formulieren, kolportieren, weitertragen oder exekutieren: Politiker*innen, Arbeitgeber*innen und ihre Interessenvertretungen, AMS, Weiterbildungseinrichtungen und Lehrende in der Weiterbildung. Auch Weiterbildungswiderstand ist nicht immer an Personen festzumachen, sondern kann sich auch in Haltungen und Stimmungen zeigen. Als Personen sind Weiterbildungswiderständige aber jedenfalls keine strikt abgrenzbare Gruppe, denn Widerstand ist weder auf Geringstqualifizierte noch auf Hochqualifizierte oder auf Gruppen mit anderen spezifischen Merkmalen beschränkt. Weiterbildungswiderständig kann prinzipiell jede*r sein, stetig und hartnäckig, variabel situationsbedingt oder sogar nur potenziell. Jene, die sich trotz vorhandener Möglichkeiten nicht weiterbilden, jene, die in unpassenden Lehr-Lern-Situationen abschalten, wegschlafen, ihre Teilnahme abbrechen, jene, die sich von einem vielleicht sogar zig-fach verordneten AMS-„fit-4job"-Bewerbungskurs gegängelt fühlen, und sogar jene, denen im Moment Hindernisse und Barrieren eine Weiterbildungsteilnahme verunmöglichen, die sich aber unter anderen Bedingungen dennoch verweigern würden und so den Widerstand in gewisser Weise potenziell in sich tragen (vgl. Holzer 2017: 443ff.). Hervorzuheben ist dabei: Weiterbildungswiderständig zu sein bedeutet *nicht*, nicht zu lernen, sich nicht zu bilden! Aber Lernen und Bildung erfolgt dann eben nicht entlang vorgegebener, herrschaftsgeformter Erwartungen und Formen.

Der Kontext macht's

Weiterbildungswiderstand ist aus all dem bisher Gesagten nur aus dem Kontext erschließbar, zu unsichtbar, diffus, situationsbedingt, unzuordenbar und vielfältig tritt er auf. Weder lassen sich spezifische Handlungen als widerständig isolieren noch ist jede Nicht-Teilnahme, jedes Nicht-Lernen Widerstand. Weiterbildungswiderstand ist derzeit vor allem individuell, passiv (weil Weiterbildung individualistisch und auf Aktivität ausgerichtet ist), er ist unartikuliert entziehend (weil dies vor einer Stigmatisierung als faul und leistungsunwillig schützt), er ist zuweilen sogar gar nicht intendiert und nicht immer bewusst. Widerständige Intentionen, eine direkt artikulierte oder indirekt rekonstruierte (objektive, subjektive, soziale oder individuelle) Sinnhaftigkeit von Gegen-Handlungen sind vielleicht noch „einfacher" einzufangen, insbesondere wenn dezidiert eine Weiterbildungsaktivität erwartet wird. Widerstand lässt sich aber auch darüber festmachen, ob er von den Herrschaftsinteressen als störend wahrgenommen wird oder ob Handlungen real oder potenziell widerständige Wirkung entfalten könnten (vgl. Holzer 2017: 466ff.). Mit Žižek 2009 lässt sich mit dem Gedanken spielen, dass Masse auch ohne widerständige Intentionen widerständige Wirkung entfalten kann, nach dem Motto: Stell dir vor, es ist Weiterbildung und keine*r geht hin (Holzer 2017: 504).

Der Widerspruch bleibt – aber auch ein kritisches Potenzial

Weiterbildungswiderstand bleibt aber in sich selbst widersprüchlich, ist positiv und negativ zugleich, emanzipativ und unterwerfend zugleich. Durch Weiterbildungsverweigerung kann wertvolle Zeit für Freund*innen gewonnen werden, zugleich aber können berufliche Nachteile entstehen. Widerstand kann von unangenehmen Situationen befreien, zugleich aber die gesellschaftliche Position zementieren. Besonders problematisch wird es, wenn durch Verweigerung gesellschaftliche Ungleichheiten reproduziert werden, diese aber nicht mehr strukturellen Ursachen zugeschrieben werden, sondern scheinbar selbstgewählt erscheinen (vgl. Willis 1977/2013). Es sei also ausdrücklich davor gewarnt, Weiterbildungswiderstand zu heroisieren. Er ist weder die einzig mögliche und richtige Antwort auf kapitalistische Zugriffe oder auf gesellschaftliche Missverhältnisse noch ist er per se die beste Strategie, sich den Weiterbildungserwartungen zu verweigern. Er bleibt aktuell prekär, individualistisch, unsichtbar, derzeit sogar weitgehend unwirksam und ist jederzeit der Vereinnahmung und „positiven" Wendung durch Herrschaftsinteressen ausgesetzt (vgl. Holzer 2017: 383ff.).

Nichtdestotrotz bewahrt er ein – auch kritisches – Potenzial in sich und obwohl er derzeit versteckt, vereinzelt und still auftritt, so ist auch jede andere Erscheinungsform prinzipiell denkbar. Er könnte auch solidarisch, kollektiv und laut werden. Er könnte sich verbreiten und wirksam werden. Er könnte sich offen kritisch gegen die Weiterbildungszumutungen positionieren oder kritische Wirkung entfalten, indem er herrschaftskonforme Weiterbildungserwartungen (subversiv) untergräbt. Das Potenzial, sich mit Widerständen in anderen gesellschaftlichen Feldern zu verbinden, ist noch ungenutzt und soziale Bewegungen täten gut daran, (Weiter-)Bildung nicht nur als Unterstützung ihrer Anliegen, sondern im Weiterbildungswiderstand ein eigenes, wichtiges Aktionsfeld zu sehen. Pädagog*innen hingegen haben sich dem Widerstand reflexiv zu stellen und darin statt einer Störung eine sinnvolle, begründete, legitime Handlung mündiger Selbstbestimmung zu erkennen. *Kritische* Pädagog*innen hätten darüber hinaus die Aufgabe, Widerstand gegen jene (Weiter-)Bildung mitzubefördern, die Menschen knechtet, unterwirft, in Herrschaftsinteressen eintaktet und kapitalistischen Verwertungslogiken zuarbeitet.

Literatur

Ackroyd, Stephen / Thompson, Paul (1999): Organizational Misbehaviour. London, Thousand Oaks, New Delhi: SAGE Publications.

Adorno, Theodor W. (1965–66/2003): Vorlesung über Negative Dialektik. Fragmente zur Vorlesung 1965/66. Nachgelassene Schriften, Abteilung IV, Vorlesungen, Band 16. Frankfurt am Main: Suhrkamp.

Adorno, Theodor W. (1966/2003): Negative Dialektik. Jargon der Eigentlichkeit. Gesammelte Schriften, Band 6. Frankfurt am Main: Suhrkamp.

Adorno, Theodor W. (1969/1971): Kritik. In: Ders.: Kritik. Kleine Schriften zur Gesellschaft. Frankfurt am Main: Suhrkamp, S. 10–19. (Auch in: Ders. (1977): Kulturkritik und Gesellschaft II. Gesammelte Schriften, Band 10.2. Frankfurt am Main: Suhrkamp, S. 785–793).

Axmacher, Dirk (1990a): Widerstand gegen Bildung. Zur Rekonstruktion einer verdrängten Welt des Wissens. Weinheim: Studienverlag.

Axmacher, Dirk (1990b): Bildung, Herrschaft und Widerstand. Grundzüge einer „Paratheorie des Widerstands" gegen Weiterbildung. In: Prokla. Zeitschrift für politische Ökonomie und sozialistische Politik. 20. Jg., Heft 79, 1/1990, S. 54–74. Wiederveröffentlicht in: Kipp, Martin / Czycholl, Reinhard / Dikau, Martin / Meueler, Erhard (Hrsg.) (1992): Paradoxien in der beruflichen Aus- und Weiterbildung. Frankfurt am Main: Verlag der Gesellschaft zur Förderung arbeitsorientierter Forschung und Bildung, S. 149–185.

Bolder, Axel/Hendrich, Wolfgang (2000): Fremde Bildungswelten. Alternative Strategien lebenslangen Lernens. Opladen: Leske + Budrich.

Bröckling, Ulrich (2007): Das unternehmerische Selbst. Soziologie einer Subjektivierungsform. Frankfurt am Main: Suhrkamp.

Faulstich, Peter / Grell, Petra (2005): Widerständig ist nicht unbegründet – Lernwiderstände in der Forschenden Lernwerkstatt. In: Faulstich, Peter / Forneck, Hermann J. / Grell, Petra / Knoll, Jörg / Springer, Angela (Hrsg.): Lernwiderstand – Lernumgebung – Lernberatung. Empirische Fundierungen zum selbstgesteuerten Lernen. Bielefeld: W. Bertelsmann, S. 18–92.

Foucault, Michel (1976/1997): Der Wille zum Wissen. Sexualität und Wahrheit Band 1. Frankfurt am Main: Suhrkamp.

Foucault, Michel (1982/2013): Analytik der Macht. Frankfurt am Main: Suhrkamp.

Giroux, Henry A. (1983/2001): Theory and Resistance in Education. Towards a Pedagogy for the Opposition. Revised and Expanded Edition. Westport, London: Bergin & Garvey.

Hardt, Michael / Negri, Antonio (2003): Empire. Die neue Weltordnung. Durchgesehene Studienausgabe. Frankfurt am Main, New York: Campus.

Holzer, Daniela (2017): Weiterbildungswiderstand. Eine kritische Theorie der Verweigerung. Bielefeld: transcript.

Horkheimer, Max/Adorno, Theodor W. (1969/1988): Dialektik der Aufklärung. Philosophische Fragmente. Frankfurt am Main: Fischer Taschenbuch. Engl. Erstausgabe 1944.

Marx, Karl (1867/1988): Das Kapital, Bd. I, MEW Band 23. Berlin/DDR: Dietz.

Pongratz, Ludwig (2010): Kritische Erwachsenenbildung. Analysen und Anstöße. Wiesbaden: VS Verlag für Sozialwissenschaften.

Scott, James C. (1990): Domination and the Arts of Resistance. Hidden Transcripts. New Haven, London: Yale University Press.

Willis, Paul (1977/2013): Spaß am Widerstand. Learning to Labour. Dt. Neuübersetzung. Hamburg: Argument Verlag.

Žižek, Slavoj (2009): Auf verlorenem Posten. Frankfurt am Main: Suhrkamp.

AutorInnen

Heike Deckert-Peaceman, Dr.in, Professorin für Erziehungswissenschaft mit den Schwerpunkten Kindheitsforschung und Grundschulpädagogik an der Pädagogischen Hochschule Ludwigsburg. Arbeits- und Forschungsbereiche: Theorie und Geschichte der Grundschulpädagogik, Curriculum Studies, Reformen im Elementar- und Primarbereich Kindheitsforschung, Ethnographie, Historisch-Politische Bildung in der Grundschule.

Barbara Herzog-Punzenberger, Dr.in, Bildungssoziologin und Kulturanthropologin, Senior Scientist in der Abt. f. Bildungsforschung, Leiterin des Arbeitsbereichs „Bildung und Migration", School of Education an der Johannes Kepler Universität Linz.

Daniela Holzer, Dr.in, Assoziierte Professorin im Arbeitsbereich Erwachsenen- und Weiterbildung am Institut für Erziehungs- und Bildungswissenschaft der Universität Graz. Aktuelle Forschungsthemen: Weiterbildungswiderstand, kritische Erziehungswissenschaft und Erwachsenenbildung, kritische Theorie, Methoden der Theoriebildung.

Bernhard Koch, Dr., Bildungswissenschaftler und Buchautor, lehrt an verschiedenen österreichischen Universitäten, Fachhochschulen und Pädagogischen Hochschulen im Fachbereich Elementarpädagogik. 2008 bis 2016 wissenschaftlicher Mitarbeiter an der Universität Innsbruck.

Hermann Kuschej, Mag., Institut für Höhere Studien, forscht in den Bereichen der angewandten Kultur- und Bildungssoziologie/-ökonomie. Periodische Erstellung des Forschungsberichts zu Kindergruppen in Österreich, im Auftrag des BÖE – Bundesdachverband Österreichischer Elternverwalteter Kindergruppen.

Heidemarie Lex-Nalis, Mag.a Dr.n, BAKIP-Direktorin i. R., langjährige Sprecherin der Plattform EduCare, Lehrbeauftragte an Fachhochschulen, Pädagogischen Hochschulen und an den Universitäten Salzburg und Graz.

Erna Nairz-Wirth, Dr.^{in}, ao.Univ.Prof.; Leiterin der Abteilung Bildungswissenschaft an der Wirtschaftsuniversität Wien. Leiterin nationaler und internationaler Forschungsprojekte zu den Themenfeldern: Bildungs- und Berufslaufbahn; Professionalität und Habitus; Organisationsentwicklung wissensgenerierender Unternehmen. Co-Editorin des European Toolkit for Schools. Leadership-Trainerin und Coach.

Julia Seyss-Inquart, Dr.^{in}, Ass. Prof. Erziehungswissenschafterin, Institut für Pädagogische Professionalisierung an der Universität Graz. Forschungsbereiche: Transformationsprozesse in staatlichen Bildungsinstitutionen.

LIEFERBARE TITEL

Nr.	Titel	Preis
89	Hauptfach Werkerziehung	€ 8,70
90	Macht in der Schule	€ 8,70
92	Globalisierung, Regionalisierung, Ethnisierung	€ 10,90
93	Ethikunterricht	€ 8,70
94	Behinderung. Integration in der Schule	€ 10,90
95	Lebensfach Musik	€ 10,90
96	Schulentwicklung	€ 10,90
97	Leibeserziehung	€ 12,40
98	Alternative Leistungsbeurteilung	€ 11,60
99	Neue Medien I	€ 11,60
100	Neue Medien II	€ 10,90
101	Friedenskultur	€ 10,90
102	Gesamtschule – 25 Jahre schulheft	€ 10,90
103	Esoterik im Bildungsbereich	€ 10,90
104	Geschlechtergrenzen überschreiten	€ 10,90
105	Die Mühen der Erinnerung Band 1	€ 10,90
106	Die Mühen der Erinnerung Band 2	€ 10,90
107	Mahlzeit? Ernährung	€ 10,90
108	LehrerInnenbildung	€ 11,60
109	Begabung	€ 11,60
110	leben – lesen – erzählen	€ 11,60
111	Auf dem Weg – Kunst- und Kulturvermittlung	€ 11,60
112	Schwarz-blaues Reformsparen	€ 8,70
113	Wa(h)re Bildung	€ 14,00
114	Integration?	€ 14,00
115	Roma und Sinti	€ 14,00
116	Pädagogisierung	€ 14,00
117	Aufrüstung u. Sozialabbau	€ 14,00
118	Kontrollgesellschaft und Schule	€ 14,00
119	Religiöser Fundamentalismus	€ 14,00
120	2005 Revisited	€ 14,00
121	Erinnerungskultur – Mauthausen	€ 14,00
122	Gendermainstreaming	€ 14,00
123	Soziale Ungleichheit	€ 14,00
124	Biologismus – Rassismus	€ 14,00
125	Verfrühpädagogisierung	€ 14,00
126	Leben am Rand	€ 14,00
127	Führe mich sanft Beratung, Coaching & Co.	€ 14,00
128	Technik-weiblich!	€ 14,00
129	Eine andere Erste Republik	€ 14,00
130	Zur Kritik der neuen Lernformen	€ 14,00
131	Alphabetisierung	€ 14,00
132	Sozialarbeit	€ 14,00
133	Privatisierung des österr. Bildungssystems	€ 14,00
134	Emanzipatorische (Volks)Bildungskonzepte	€ 14,00
135	Dazugehören oder nicht?	€ 14,00
136	Bildungsqualität	€ 14,00
137	Bildungspolitik in den Gewerkschaften	€ 14,00
138	Jugendarbeitslosigkeit	€ 14,00
139	Uniland ist abgebrannt	€ 14,00
140	Krisen und Kriege	€ 14,00
141	Methodische Leckerbissen	€ 14,00
142	Bourdieu	€ 14,00
143	Schriftspracherwerb	€ 14,00
144	LehrerInnenbildung	€ 14,00
145	EU und Bildungspolitik	€ 14,00
146	Problem Rechtschreibung	€ 14,00
147	Jugendkultur	€ 14,00
148	Lebenslanges Lernen	€ 14,00
149	Basisbildung	€ 14,50
150	Technische Bildung	€ 14,50
151	Schulsprachen	€ 14,50
152	Bildung und Emanzipation	€ 14,50
153	Politische Bildung	€ 15,00
154	Bildung und Ungleichheit	€ 15,00
155	Elternsprechtag	€ 15,00
156	Weiterbildung?	€ 15,00
157	Bildungsdünkel	€ 15,50
158	Linke Positionen	€ 15,50
159	Bildungsanlass Erster Weltkrieg	€ 15,50
160	Das Ende der Schule	€ 15,50
161	Österreich und der EU-Bildungsraum	€ 16,00
162	Neue Mittelschule	€ 16,00
163	SchulRäume	€ 16,00
164	Demokratie	€ 16,50
165	Strategien für Zwischenräume	€ 16,50
166	Lehrer/innenhandeln wirkt	€ 16,50
167	Widerstand	€ 16,50
168	Bildungschancen FAIRteilen!	€ 16,50

In Vorbereitung

| 170 | Praxis des Unterrichtens | € 17,00 |